LILO SOLCHER

Augsburg – *ein starkes Stück Schwaben*

66 **LIEBLINGSPLÄTZE**
und 11 Köpfe

LILO SOLCHER

Augsburg - *ein starkes Stück Schwaben*

ENGAGIERTE, EINGEFLEISCHTE UND EINGEWANDERTE

GMEINER

Autor und Verlag haben alle Informationen geprüft. Gleichwohl wissen wir, dass
sich Gegebenheiten im Verlauf der Zeit ändern, daher erfolgen alle Angaben ohne
Gewähr. Sollten Sie Feedback haben, bitte schreiben Sie uns! Über Ihre Rückmel-
dung zum Buch freuen sich Autor und Verlag: lieblingsplaetze@gmeiner-verlag.de

Besuchen Sie uns im Internet:
www.gmeiner-verlag.de

© 2013 – Gmeiner-Verlag GmbH
Im Ehnried 5, 88605 Meßkirch
Telefon 07575/2095-0
info@gmeiner-verlag.de
Alle Rechte vorbehalten
1. Auflage 2013

Lektorat: Claudia Reinert
Satz: Julia Franze
Umschlaggestaltung: U.O.R.G., Lutz Eberle, Stuttgart
unter Verwendung eines Fotos von © brunetka2012 – Fotolia.com
Bildbearbeitung: Alexander Somogyi
Kartendesign: Mirjam Hecht
Druck: AZ Druck und Datentechnik GmbH, Kempten
Printed in Germany
ISBN 978-3-8392-1473-2

Im Schatten der Bayernmetropole /// *Auftakt* 10

IN AUGSBURG

Römer, Fugger Renaissance

1   Antikes Erbe auf wackligem Fundament ///
    Römisches Museum 15
2   Vom Hexenbrunnen zur schönen Aussicht ///
    Lueginsland 17
3   Der Mann mit der Eisennase /// *Stoinerner Ma* 19
4   Augsburgs Prachtboulevard /// *Maximilianstraße* 21
5   Wo Napoleon in die Stadt kam ///
    Wertachbrucker Tor 25
6   Märchen mit Treppenwitz /// *Fünffingerlesturm* 27
7   Das alte Wasserreservoir der Stadt ///
    Wassertürme am Roten Tor 29
8   Augsburgs Teilhabe am Jakobsweg ///
    Jakobervorstadt 31
9   Puppenstubenidylle mit sozialem Hintergrund ///
    Fuggerei 33
10 Prophetenfenster und Blumenrabatten ///
    Dom und Fronhof 37
1/11 Der Stadthistoriker /// *Franz Häußler* 39

Textilbarone und Gründerzeit

11 Wo der Zug nach München abfährt ///
    Hauptbahnhof 41
12 Hort der Erinnerung /// *Synagoge* 43
13 Ein Jugendstiljuwel, das beinahe baden ging ///
    Altes Stadtbad 45
14 Vom Stadtjuwel zum Schandfleck ///
    Gignoux-Haus 47

15 Wohliges Wohngefühl ///
   Thelottviertel und Architekturmuseum 49
16 Moderne Kunst statt Spinnmaschinen ///
   Glaspalast 51
²⁄₁₁ Die Vorzeigeunternehmerin ///
   Sina Trinkwalder 53
17 Drei Grazien und viel Geschichte ///
   Textil- und Industriemuseum tim 55
18 Wie Phönix aus der Asche ///
   Kurhaus Göggingen 57
19 Einzigartiges Ensemble mit ungewisser Zukunft ///
   Gaswerk 59

Leib und Seele

20 Die Auslage der Stadt /// *Stadtmarkt* 61
³⁄₁₁ Die Gemüsefrau /// *Daniela Neubert* 63
21 Ein Stück Frankreich in Augsburg ///
   Wein und Käse 65
22 Zwei Sterne für den Küchenzauberer ///
   Restaurant August 67
23 Wo Luther schlief und aus Augsburg floh ///
   St. Anna 69
24 Ort der Stille /// *Hermanfriedhof* 71
25 Wahrzeichen der Ökumene /// *Die Ulrichskirchen* 73
26 Jugendstil in Reinkultur /// *Herz-Jesu-Kirche* 75

Musen und Museen

27 Bronzehelden und silberne Kleinode ///
   Maximilianmuseum 77
28 Gartenidylle mit Bücherschrank /// *Hofgarten* 79
⁴⁄₁₁ Die Malerin /// *Doris Schilffarth* 81

29   Prachtstück eines Bankiers /// *Schaezlerpalais* 83

30   Tor zu magischen Welten /// *Lettl-Atrium* 85

31   Ein Heim für den großen Sohn /// *Brechthaus* 87

     Brechtige Einsichten /// *Etwas mehr zu Brecht* 88

32   Wo Mozart mit dem Bäsle turtelte /// *Mozarthaus* 91

33   Das unterschätzte Kleinod ///

     Staats- und Stadtbibliothek 93

5/11   Der Buchhändler /// *Kurt Idrizovic* 95

34   Leseinsel mit Lichtblicken ///

     Neue Stadtbücherei 97

Spielzeit

35   Vorhang auf! /// *Stadttheater und Brechtbühne* 99

6/11   Der Theatermacher /// *Sebastian Seidel* 103

36   Wetterfühlige Spielstätte /// *Freilichtbühne* 105

37   Wo Jim Knopf und Urmel zu Hause sind ///

     Die Kiste 107

7/11   Der Puppenspieler /// *Klaus Marschall* 109

38   Haus der Vielfalt /// *Kulturhaus abraxas* 111

Grüne Stadt

39   Wo der junge Brecht schmuste /// *Kahnfahrt* 113

40   Grüne Oase mit auffallendem Eigenleben ///

     Wittelsbacher Park 115

41   Aderlass am Bilderbuchwehr /// *Hochablass* 119

42   Die Mutter aller Kanustrecken /// *Eiskanal* 121

43   Wo Augsburg ins kalte Wasser springt ///

     Fribbe 123

44   Die Frierende im Gartenparadies ///

     Botanischer Garten 125

8/11   Der Festivalmacher /// *Christian Stock* 127

45 Zoff in der Arche Noah /// *Zoo* 129
46 Am Auge des Waldes //// *Stempflesee* 131
⁹⁄₁₁ Der Landschaftspfleger //// *Nicolas Liebig* 133
47 Neue Heimat für den Hasen //// *Kälberhalle* 135
48 Spaziergang in die Steinzeit ///
   Wildpferdeprojekt 137

Leben und Leben lassen

49 Schöne Engel und ein armer Teufel ///
   Rathausplatz 139
¹⁰⁄₁₁ Botschafter des Bieres /// *Sebastian Priller* 143
50 Kino mit Kaffeehaus /// *Thalia Theater* 145
51 Kinokunst im ehemaligen Brunnenpumpwerk ///
   Liliom 147
52 Kommunikationszentrum im Herzen der Altstadt ///
   Kresslesmühle 149
53 Klein-Venedig am Lech /// *Lechviertel* 151
¹¹⁄₁₁ Der Szene-Wirt /// *Richard Goerlich* 153
54 Alles andere als ein Elfenbeinturm ///
   Universität 155
55 Hüllenloses Betonskelett auf der grünen Wiese ///
   SGL-Arena des FCA 157

UM AUGSBURG HERUM

Bayerische Geschichte

56 Nostalgische Zeitreise /// *Friedberg – Altstadt* 161

57 Ein Denkmal, dem Augsburg zu Füßen liegt ///
Bismarckturm 165

58 Zeitreise im klösterlichen Umfeld ///
Abtei und Volkskundemuseum Oberschönenfeld 167

Kirchen und Schlösser

59 Die Burg des Herzogs und Sisis Sommerfrische ///
Sisi-Schloss in Unterwittelsbach 169

60 Hort der Ruhe /// *Wallfahrtskirche Hergottsruh* 171

61 Das Geheimnis des hohlen Baums ///
Wallfahrtskirche Maria Birnbaum 173

62 Ein Schloss zum Wohnen, Arbeiten und Feiern ///
Schloss Blumenthal 175

63 Raubritter, Schlossherren, Brauer ///
Schloss Scherneck 177

64 Vom Raubritternest zum Fuggerschloss ///
Schloss Wellenburg 179

Pioniere und Theatermacher

65 Wie der Mensch an den Himmel kam ///
Ballonmuseum Gersthofen 181

66 Ein Haus mit Herz ///
Kinder- und Jugendtheater Eukitea 183

Karten 184

Register 188

IM SCHATTEN DER BAYERNMETROPOLE
Auftakt

Napoleon ist an allem schuld. Er hat die einst glanzvolle Freie Reichsstadt den Bayern zugeschlagen. Seither liegt Augsburg im Schatten von München, das der älteren Stadt sogar das Attribut ›nördlichste Stadt Italiens‹ geklaut hat. Zu Unrecht: Die Römergründung und Renaissancestadt Augsburg hat nicht nur mehr Brücken als Venedig und mehr als 100 Brunnen, auf der Prachtmeile Maximilianstraße mit ihren italienischen Innenhöfen herrscht den ganzen Sommer über auch südliches Flair.

Vom viel zitierten Zug nach München, der das Schönste an Augsburg sei, bis zu den Auseinandersetzungen mit der Bayernmetropole um Universität und Klinikum reichen die Nadelstiche, über die sich eingefleischte Augsburger ärgern. Es schmerzt, dass die Nord-Süd-Achse der Bahn nach einem sündteuren und höchst umstrittenen Streckenausbau über Ingolstadt führt. Und dass die Hauptstadt Bayerisch-Schwabens im Verteilungskampf um den Sitz des Bayerischen Landesmuseums wieder einmal den Kürzeren zog, ebenso. Man fühlt sich hier im Schatten der scheinbar übermächtigen Bayern-Metropole wie das sprichwörtliche fünfte Rad am Wagen – abgehängt. Und allzu oft alleingelassen mit den finanziellen Problemen, die einer so alten Stadt schon der Erhalt des architektonischen und schriftlichen Erbes beschert. Selbst der Unterhalt der großartigen Stadt- und Staatsbibliothek überfordert den Augsburger Stadtsäckel. 2012 trat die Stadt die 475 Jahre alte Institution an den Freistaat ab. Jetzt warten die Augsburger gespannt darauf, ob und wann die nötigen Gelder zur Sanierung fließen. Das Misstrauen ist groß in dieser Stadt, die immer noch ihr Profil sucht. Statt die Nähe zu München als Chance zu sehen, suhlen sich die Augsburger fast masochistisch in Wehleidigkeit. Und überlassen damit denen das Feld, die der Stadt gerne Provinzialismus attestieren.

Schade drum. Augsburg ist eine schöne, eine lebenswerte Stadt. Mit 270.000 Einwohnern gerade groß genug, um alle Kultureinrichtungen wie Universität, Dreispartentheater, Museen, Galerien oder auch alternative Bühnen bieten zu können, und damit auch noch dem eher ungeliebten Speckgürtel des Großraums mit seinen rund 750.000 Einwohnern Futter zu geben. Doch zunehmend emanzipieren sich die Umlandgemeinden mit eigener Veranstaltungshalle wie das durch Industrieansiedlung reich gewordene Gersthofen oder durch eigene Museen wie das ehemalige Straßendorf Königsbrunn. Auch als Einkaufszentrum muss Augsburg kämpfen, um für die Nachbargemeinden attraktiv zu bleiben. Mit einer Aneinanderreihung von Filialen großer Ketten, wie man das von überallher kennt, gelingt das sicher nicht. Aber mit originellen Läden wie im Lechviertel, mit dem einladenden Stadtmarkt, mit kleinen, feinen Feinkostgeschäften und den fast schon großstädtischen Freiluftcafés kann Augsburg sich durchaus sehen lassen.

44 Nationalitäten leben hier und haben der Stadt ihren Stempel aufgedrückt. Im ehemaligen Textilviertel fühlt man sich manchmal wie in Klein-Istanbul, auf dem Gelände des ehemaligen Flugplatzes ein bisschen wie in Russland, auf dem Stadtmarkt weltläufig. Das gefällt auch den Touristen aus Italien, der Schweiz, aus Japan und China, die zunehmend in die Stadt der Fugger, Bert Brechts und der Augsburger Puppenkiste strömen. Und dabei fast zwangsläufig auch ins Umland kommen, wo mit Eukitea ein außergewöhnliches Theaterprojekt auf sich aufmerksam macht und das Kloster Oberschönenfeld zu einer Zeitreise einlädt, wo das Fuggerschlösschen Wellenburg vom Glanz alter Zeiten erzählt und das Städtchen Friedberg alljährlich mit dem Altstadtfest Friedberger Zeit die Geschichte zelebriert.

STILL LIEGT DER SEE IM HERBSTLICHT. IM SOMMER BEVÖLKERN VOR ALLEM FAMILIEN DIE UFER DES KUHSEES.

RÖMISCHES MUSEUM /// DOMINIKANERGASSE 15 ///
86150 AUGSBURG /// 08 21 / 3 24 41 31 ///
WWW.KUNSTSAMMLUNGEN-MUSEEN.AUGSBURG.DE ///

ANTIKES ERBE AUF WACKLIGEM FUNDAMENT
Römisches Museum

Augsburg ist eine alte Römersiedlung, im Verbund mit Köln und Trier eine der ältesten Deutschlands. Unter ihrem Boden liegt sicher noch viel römisches Erbe begraben. Denn das römische Augusta Vindelicum, das die Handelsstraße Via Claudia Augusta mit Oberitalien verband, dehnte sich über mindestens 80 Hektar aus. Schon das, was bereits zutage gefördert wurde, ist eine der wichtigsten Sammlungen römischer Archäologie in Deutschland. Allerdings geht die Stadt mit diesem historischen Schatz nicht sehr pfleglich um: Die Dominikanerkirche aus dem 16. Jahrhundert mit dem wunderschönen barocken Innenraum, in dem das Römische Museum seit 1966 angesiedelt ist, ist zum Sanierungsfall geworden. Hier wackelt buchstäblich das Fundament.

Schuld an diesem bedenklichen Zustand sind nach Meinung von Experten Gewölbe unter der Kirche, die Lage an der Hangkante zur tiefer gelegenen Altstadt und die ›schweren Brocken‹ der Ausstellung, antike Steindenkmäler, die bis zu zwölf Tonnen wiegen. Schon lange denkt man darüber nach, das Museum zu erweitern. Nun muss erst einmal saniert werden – und das Museum bleibt auf unbestimmte Zeit geschlossen. Die wertvollsten Stücke sollen vorübergehend im Zeughaus für die Öffentlichkeit zugänglich sein.

Die Sammlung beinhaltet nicht nur Grabmäler, Altäre, Steinreliefs und Götterstatuetten, sondern auch Alltagsgegenstände wie Gold- und Silbermünzen, Keramik und Glasgefäße. Ein Schmuckstück aus der Römerzeit ist der vergoldete Pferdekopf eines kaiserlichen Reiterstandbildes. Auch wenn das Hauptaugenmerk des Museums auf den römischen Funden liegt, reicht die Ausstellung noch weiter – mit dem Grabinventar eines der ältesten Wagengräber Mitteleuropas zurück in die Hallstattzeit und mit der Adam-und-Eva-Schale, mit einer ins Glas geritzten Darstellung des Sündenfalls, bis in die Zeit um 400 nach Christus.

✍ Weitere Funde aus der Römerzeit sind im Freiluftmuseum vor dem Dom an der Römermauer zu sehen.

DAS LUEGINSLAND ZIEHT SICH VOM FRAUENTOR
BIS ZUR THOMMSTRASSE.

VOM HEXENBRUNNEN ZUR SCHÖNEN AUSSICHT

Lueginsland

Was war ich als Kind gerne auf diesem verzauberten Spielplatz hinter der alten Stadtmauer! Nichts Großartiges gab es da, eine Schaukel, ein kleines Karussell, einen Sandkasten. Mehr war nicht. Ob es damals den Hexenbrunnen schon gab? Ich weiß es wirklich nicht mehr. Aber als meine Kinder dann wie ich auf dem Spielplatz beim Lueginsland tobten, da hatte sie hier ihren Platz gefunden, die Hexe hinter ihrem Gitter, hölzern und gruselig, den strengen Blick auf den Spielplatz gerichtet. Die Skulptur aus dem Jahr 1925 soll an die Hexenverfolgung erinnern, die es auch in Augsburg gab. Warum sie gerade hier steht, wo die Kinder spielen und die Erwachsenen auf den Bänken die Sonne genießen? Angeblich, so geht die Mär, erlaubte man Frauen, die als Hexen zum Tod verurteilt worden waren, an dieser Stelle ein letztes Mal zu trinken, bevor man sie dem Henker zur Verbrennung übergab.

An diese dunkle Geschichte denkt wohl keiner der Spaziergänger, die von hier zum Lueginsland hinüberpilgern, wo früher mal ein Aussichtsturm auf den Befestigungsmauern aufragte, von dem man weit ins Land blicken konnte. Daher der Name dieser malerischen Freizeitanlage, die im Sommer von einem Biergarten beherrscht wird – sicher einem der schönsten in Augsburg. Aber auch zu anderen Jahreszeiten ist das Lueginsland mit seinen Treppchen und lauschigen Winkeln, den Ruhebänken und Terrassen und den dicken alten Mauern einen Besuch wert. Von oben schaut man heute zwar nicht mehr nur in eine grüne Idylle, sondern auch auf große Augsburger Industrieunternehmen: Auf dem Werksgelände der MAN, ehemals Maschinenfabrik Augsburg-Nürnberg, entwickelte Rudolf Diesel zusammen mit MAN-Ingenieuren 1893 den Dieselmotor. Die ehemals Haindlsche Papierfabrik gehört heute zum finnischen Papier-Konzern UPM-Kymmene.

✍ Unter dem Lueginsland liegt heute eine kleine, feine Schrebergartenanlage. Da, wo heute Blumen blühen, befand sich vor Jahrhunderten ein Friedhof.

DIE STATUE DES STEINERNEN MANNES KANN MAN IN EINER NISCHE NAHE DER SCHWEDENSTIEGE BESUCHEN.

DER MANN MIT DER EISENNASE

Stoinerner Ma

Im Heimatkundeunterricht spielte der Stoinerne Ma seine bewährte Heldenrolle. Und wir Kinder lauschten fasziniert der Erzählung vom Bäcker Hacker, der im Alleingang die Stadt vor dem schwedischen Heer gerettet haben soll. Obwohl in Augsburg damals Hungersnot herrschte, soll der wackere Mann die letzten Mehl- und Kleiereste zusammengekratzt und daraus einen Laib Brot gebacken haben, den er den schwedischen Belagerern triumphierend auf der Stadtmauer zeigte. Die schossen ihm daraufhin den Arm weg, und der heldenhafte Bäcker starb an seinen Verletzungen. Soweit die Sage, die – wie die meisten Sagen – der wissenschaftlichen Überprüfung nicht standhält.

Trotzdem, der Stoinerne Ma ist ein Stück Augsburg wie die Kleine Seejungfrau ein Stück Kopenhagen ist. Und mit der ungleich grazileren Skulptur verbindet den klobigen Kalksteinklotz mit dem angedeuteten Brotlaib unter Arm, der in einer Nische an der Schwedenstiege Wache hält, ein ähnliches Schicksal. Er hat zwar nicht den Kopf verloren wie die Nixe, dafür schlugen Rüpel ihm immer wieder die Nase ab. Jetzt hat er eine eiserne, die schwarz aus der steinernen Miene ragt. Und natürlich muss er auch für vielerlei Auftritte herhalten. Gleich drei ›Stoinerne Männer‹ sind auf der Plattform Youtube mit ihrem Mundart-Musikstück ›Blues in A‹ zu sehen – Augsburgerisch in Reinform –, und im Augsburger Carneval Verein wird alljährlich die oft verwirrende Augsburger Stadtpolitik von einem Stoinernen Ma auf die Schippe genommen. Ja, und dann habe ich erst kürzlich einen echten Klon entdeckt – ohne Eisennase allerdings. Er steht in Friedberg vor dem Laden eines Steinmetzes an der Wallfahrtskirche Herrgottsruh. Wohl als Werbung für seine Steinmetzarbeiten.

✆ Die Schwedenstiege verbindet den Unteren Graben mit dem Schwedenweg. Besonders idyllisch: der Venezianische Muschelbrunnen am Fuß der 71 Stufen.

AM HERKULESBRUNNEN MIT BLICK AUF DIE MAXIMILIANSTRASSE TRIFFT
SICH AUGSBURGS JUGEND.

AUGSBURGS PRACHTBOULEVARD
Maximilianstraße

Ich träume von einer autofreien Maximilianstraße, von einem richtigen Boulevard, breit und großzügig, vielleicht mit Bäumen in der Mitte, mit Cafés und Bistros, aber ohne parkende Autos. Die verstellen nur die schöne Sicht auf die sprudelnden Brunnen und auf die beiden Ulrichskirchen. Mit einem neuen Pflaster, das leider jetzt schon seine Macken hat, will die Stadt ihre ›Kaisermeile‹ aufwerten. Das war längst fällig, denn diese historische Straße mit den beiden Prachtbrunnen von Adriaen de Vries und den Stadtpalästen der großen Augsburger Familien gehört sicher zu den schönsten Straßenzügen Europas. Hier kann man durch ein Bilderbuch der Augsburger Architekturgeschichte spazieren, kann Bauten aus der Gotik bewundern, aus dem Rokoko und aus der Renaissance, aber auch aus der Neoklassik und der Nachkriegszeit. Was man nicht sehen, aber fühlen kann, ist, dass diese Straße noch viel weiter zurück in die Geschichte der Römerstadt Augsburg reicht. Auf einem kurzen Teilstück verlief die berühmte Via Claudia Augusta, die Handelsstraße der Römer. Sie verband Augusta Vindelicorum mit Oberitalien. Gut 1500 Jahre später war die römische Niederlassung zwischen Lech und Wertach zur mächtigsten Finanzmetropole Europas aufgestiegen. Die reichen Patrizierfamilien siedelten sich an den Plätzen rund um Herkules- und Merkurbrunnen an, da wo auch Wettkämpfe stattfanden oder Prozessionen. Schon damals zeigte man gerne, was man hatte, und wetteiferte um den repräsentativeren Wohnsitz, die bessere Lage. Und schon damals musste man tief in die Tasche greifen, wenn man sich hier ein Palais leisten wollte. Bei Fuggers gingen im 16. Jahrhundert die Promis ein und aus. Kaiser Maximilian I., Namenspatron der Straße, war ebenso zu Gast wie Karl V. oder Tizian und Dürer.

Ich weiß nicht, wie die Fuggerhäuser damals ausgesehen haben oder auch das schon Ende des 15. Jahrhunderts erwähnte Hotel Drei Mohren – beide wurden nach dem Zweiten Weltkrieg wiederaufgebaut. Doch die geometrisch gegliederten Fassaden in Braun- und Grautönen passen sich gut ins Straßenbild ein. Die schönen Innenhöfe der Stadtpaläste allerdings kann man von außen nicht sehen: Im von Arkaden gesäumten Damenhof des Fuggerschen Stadtpalasts kann man im Sommer wieder am plätschernden Springbrunnen sitzen und schlemmen. Auch im – nicht wirtschaftlich genutzten – Innenhof des Höhmann-Hauses kann man schönste Arkadenarchitektur bewundern. Sehenswert das Innenleben des Stiermann-Hauses, wo sich im ersten Stock ein ansehnlicher barocker Freskensaal befindet. Als das Haus kurz vor dem Abriss stand, sprang der Augsburger Bauunternehmer Walter Stiermann ein. Ihm verdanken wir, dass dieses Kleinod schwäbischer Freskenkunst wieder zum Vorschein kam und restauriert werden konnte.

Viele Geschichten ranken sich um die Gebäude an Augsburgs Prachtstraße. Würde man sie alle erzählen, könnte man ein ganzes Buch damit füllen. Wer beim Bummeln durch diese geschichtsträchtige Straße die Augen offen hält, kann aber selbst viele reizvolle Details entdecken und sich hineindenken in eine Zeit, als diese Straße das Zentrum der europäischen Finanzpolitik war. Die Augsburger und ihre Gäste kommen gerne hierher und keineswegs nur zum Sightseeing, sondern vor allem zum Schaufensterbummeln, zum Shoppen oder auch in eines der Freiluftcafés, wo man sich bei einem Glas Prosecco oder einem Espresso fast wie in einer richtigen Metropole fühlen kann. Dass die ausgehfreudige Jugend sich des Nachts gerne am Herkulesbrunnen vergnügt, stößt zwar auf Missfallen bei einigen Straßenanrainern, macht aber für mich auch den Reiz dieses Boulevards aus, der eben nicht nur aus der Geschichte lebt, sondern in der Gegenwart angekommen ist.

🍦 Wie wär's mit einem Eis im ersten italienischen Eiscafé der Stadt, dem Café Sommacal, Maximilianstraße 47? Schon 1930 brachte Giovanni Sommacal italienisches Eis nach Augsburg.

WERTACHBRUCKER TOR /// WERTACHBRUCKER-TOR-STRASSE 9 ///
86152 AUGSBURG /// 08 21 / 71 17 77 (FÜR VERMIETUNGEN) ///
WWW.SCHREINERTURM.DE ///

WO NAPOLEON IN DIE STADT KAM
Wertachbrucker Tor

Das Wertachbrucker Tor war mir schon als Kind sehr nahe. Es lag auf meinem Weg ins Gymnasium. Und in der angrenzenden Anlage bin ich, als ich noch klein war, gerne mit Schulfreunden Schlitten gefahren.

Ausgerechnet durch dieses Tor kam Napoleon in die Stadt, der Mann, der das stolze Augsburg zur Provinzstadt degradierte, indem er die freie Reichsstadt dem Königreich Bayern zuschlug. Das Wertachbrucker Tor, eines der vier noch bestehenden Augsburger Stadttore, hat in seiner langen Geschichte viel erlebt und die Augsburger können beim alljährlichen historischen Wertachbrucker Thorfest in die Gründerzeit des steinernen Durchgangs Ende des 14. Jahrhunderts zurückreisen. Dann müssen sie – um aufs Festgelände zu gelangen – durch dieses Tor, durch das auch König Friedrich Wilhelm I. von Preußen in die Stadt einzog – mit seinem Sohn Friedrich, der später den Beinamen ›der Große‹ bekommen sollte.

Wie viele Augsburger Bauten trägt auch das Wertachbrucker Tor die Handschrift des Elias Holl, der den alten Torturm umgebaut und aufgestockt hat. Bald darauf, gegen Ende des Dreißigjährigen Kriegs, trotzte der massive Turm den anstürmenden Schweden und Franzosen. Ein halbes Jahrhundert später im Spanischen Erbfolgekrieg allerdings zogen die feindlichen Franzosen durchs Wertachbrucker Tor in die Stadt ein und schleiften Teile der Wehranlagen. Auch der Backofenwall, der an den Bogen anschließt, wurde demoliert, später allerdings wieder instand gesetzt. Der Mauerrest verbindet das Wertachbrucker Tor mit der kleinen Gasse Am Backofenwall. Dass dieser Torturm so gut erhalten ist, hat die Stadt der Schreinerinnung zu verdanken, die ihn als Zunftturm nutzt und dafür auch gründlich saniert und restauriert hat. In der Grünanlage, wo ich früher mal Schlitten gefahren bin, steht heute ein Holzkreuz zu Ehren des Handwerks.

✍ Auf Anfrage veranstaltet die Schreinerinnung kostenlose Führungen durch den Turm, dann kann man durch die ehemaligen Schießscharten ganz neue Ausblicke genießen.

FÜNFGRATTURM /// UNTERE JAKOBERMAUER 3 /// 86152 AUGSBURG ///

MÄRCHEN MIT TREPPENWITZ

Fünffingerlesturm

Dass dieser Turm einmal Teil der Augsburger Stadtbefestigung war, hat mich als Kind überhaupt nicht interessiert. Aber den Namen, den fand ich so spannend, dass ich mir dazu die tollsten Geschichten ausmalte. Auch wenn die Erklärung ganz und gar nicht märchenhaft ist – der Name stammt von den fünf Dachspitzen oder Graten – behielt dieser einsam stehende Turm am Stadtgraben, ein Überbleibsel der Stadtbefestigung, für mich doch immer einen seltsamen Zauber. Rapunzel hätte ich mir in einer der verwunschenen Dachspitzen vorstellen können, eingeschlossen in uralte Mauern, von außen unerreichbar.

Vorbei. Seit fünf Jahren ist der Fünffingerlesturm aus dem 15. Jahrhundert geerdet. Das heißt, er hat eine Treppe bekommen – aus Stahl und so hoch wie einst wohl die Stadtmauer war. Mit diesem Treppenbau wollte die Altaugsburg-Gesellschaft den Fünffingerlesturm aus einem langen Dornröschenschlaf wecken, ihn begehbar und womöglich zu einem Museum machen. Allerdings stieß das Projekt bei den traditionsbewussten Augsburgern sogleich auf größtes Missfallen und ist deshalb bis heute unvollendet. Die überregionale Presse hat sich über den ›Augsburger Treppenwitz‹, dem der derzeitige Oberbürgermeister auch einen Teil seines Wahlerfolgs verdankt, auf Kosten der Stadt ordentlich amüsiert. Mittlerweile gab es einen Baustopp und Gerichtsverfahren, neue Pläne und Ortstermine, aber am Zustand des Turmes änderte sich nichts. Noch immer lehnt der Treppentorso wie ein Fremdkörper an dem alten Torturm, mit dem ihn nichts verbindet, nicht einmal ein Übergang. Und der Fünffingerlesturm träumt weiter in seinem Dornröschenschlaf und wartet auf einen Polit-Prinzen, der die Provinzposse um die Treppe beendet – und dem Turm wieder Respekt (und vielleicht auch eine neue Zukunft) verschafft.

☞   Vom Fünffingerlesturm ist es nur ein Katzensprung zur Kahnfahrt oder auch zum Jakobertor. Der idyllische Spaziergang führt immer entlang des Stadtgrabens.

WASSERTÜRME AM ROTEN TOR /// BEIM RABENBAD 6 ///
86150 AUGSBURG /// 08 21 / 32 59 12 70 ///
WASSERPFAD.AUGSBURG-TOURISMUS.DE/2_2_
WASSERTUERME.HTML ///

2017 will Augsburg Welterbe werden – mithilfe der ›Wasserkunst‹. Und da spielen die Wassertürme am Roten Tor eine wichtige Rolle. Als ich noch ein Kind war und in den Wallanlagen am Roten Tor spielte, habe ich mir oft vorgestellt, dass in einem dieser Türme eine Märchenprinzessin eingeschlossen sei. Damals durfte man die Türme nicht betreten, umso geheimnisvoller erschienen sie mir. Inzwischen sind sie restauriert und auch wieder der Öffentlichkeit zugänglich. Und natürlich weiß ich längst, dass diese Türme nicht die Relikte einer verwunschenen Burg sind, sondern der Wasserversorgung dienten. Bei Führungen kann man sich über die Bedeutung der Türme informieren – und über die ingeniöse Leistung der frühen Handwerker.

Die Pläne zur Wasserversorgung der Stadt aus dem Brunnenbach reichen bis ins 15. Jahrhundert zurück. Schon 1416 wurde der große Turm errichtet, 54 Jahre später der kleinere. Im Lauf der Zeit stockte man beide auf. Mehr als 100 Jahre später kam der Kastenturm hinzu, ein zum Wasserturm umgebauter mittelalterlicher Wehrturm, der vor allem der Versorgung der Augsburger Prachtbrunnen in der Maximilianstraße diente. Die drei Wassertürme mit ihren Pumpanlagen und ein Aquädukt versorgten vom Roten Tor aus die Stadt mit dem lebenswichtigen Wasser aus den Lechkanälen. Schon früh ließen sich die Augsburger Patrizierfamilien ›fließendes Wasser‹ in ihre Paläste liefern, während die normalen Bürger ihren Bedarf noch lange aus den städtischen Brunnen schöpfen mussten. Auch das erfährt man bei einer Führung durch die Wassertürme und man bekommt Einblick in die ›Hydraulica Augustana‹, eine Anleitung, die der bedeutendste Brunnenmeister der Stadt, Caspar Walter, im 18. Jahrhundert verfasste. Er machte die maroden Brunnenanlagen zukunftsfähig. Immerhin bis 1879 versorgte das Wasserwerk am Roten Tor die Stadt mit Trinkwasser.

✍ Der Werkhof unter den Türmen ist heute eine schöne Gartenanlage, das Untere Brunnenmeisterhaus beherbergt das sehenswerte Handwerkermuseum.

JAKOBERVORSTADT /// BEI DER JAKOBSKIRCHE /// 86153 AUGSBURG ///
08 21 / 55 12 44 (PFARRAMT) /// WWW.ST-JAKOB-AUGSBURG.DE ///

GMEINER-VERLAG

Für Einheimische
und Besucher

NATUR ENTDECKEN

GMEINER

Gmeiner-Verlag GmbH
Im Ehnried 5
88605 Meßkirch

Tel.:   07575/2095-0
Fax.:   07575/2095-29
Internet: www.gmeiner-verlag.de

Ruhrgebiet

Sauerland

Kassel

Nürnberg

Pfälzerwald

Hohenlohe

Zürich

Bern

Engadin

Vorarlberg

Wien

Steiermark

GESAMTVERZEICHNIS

		ISBN	Preis
		978-3-8392-	🇩🇪 🇦🇹
01	Zwischen Nord- und Ostsee	1160-1	14,90 € | 15,40 €
02	Unterwegs auf Rügen, Hiddensee und in Stralsund	1361-2	14,99 € | 15,50 €
03	Ostfriesland	1256-1	14,90 € | 15,40 €
04	In und um Lübeck	1154-0	14,90 € | 15,40 €
05	Hamburg	1170-0	14,90 € | 15,40 €
06	Bremen und umzu	1253-0	14,90 € | 15,40 €
07	Op Jück am Niederrhein	1356-8	14,99 € | 15,50 €
08	Weserbergland wachgeküsst	1357-5	14,99 € | 15,50 €
09	Ruhrgebiet	1164-9	14,99 € | 15,50 €
10	Sauerland macht lustig	1470-1	14,99 € | 15,50 €
11	Kassel und Nordhessen	1282-0	14,90 € | 15,40 €
12	Kölner Persönlichkeiten	1281-3	14,90 € | 15,40 €
13	Entlang der Sieg	1255-4	14,99 € | 15,50 €
14	Dresden	1283-7	14,90 € | 15,40 €
15	Von Koblenz zu Rhein und Mosel	1279-0	14,90 € | 15,40 €
16	Wiesbaden – Rhein-Taunus – Rheingau	1157-1	14,90 € | 15,40 €
17	Von Bänken und Banken in Frankfurt am Main	1362-9	14,99 € | 15,50 €
18	Oberfranken	1257-8	14,90 € | 15,40 €
19	Alles fließt in Tauberfranken	1368-1	14,99 € | 15,50 €
20	Nürnberg und Fürth, die ungleichen Schwestern	1358-2	14,99 € | 15,50 €
21	Südliche Weinstraße und Pfälzerwald	1280-6	14,90 € | 15,40 €
22	Hohenlohe pur genießen!	1366-7	14,99 € | 15,50 €
23	Heilbronn und Umgebung	1258-5	14,90 € | 15,40 €
24	Karlsruhe - kulinarisch und kreativ	1363-6	14,99 € | 15,50 €
25	Stuttgart - Kesseltreiben und Höhenrausch	1471-8	14,99 € | 15,50 €
26	Augsburg - ein starkes Stück Schwaben	1473-2	14,99 € | 15,50 €
27	Passauer Land	1161-8	14,90 € | 15,40 €
28	Schwarzwald	1156-4	14,90 € | 15,40 €
29	Schwäbische Alb - Der Westen	1155-7	14,90 € | 15,40 €
30	Oberschwaben	1162-5	14,90 € | 15,40 €
31	Münchner Schmankerl	1367-4	14,99 € | 15,50 €
32	Bodensee	1166-3	14,90 € | 15,40 €
33	Bodensee – Lieblingsgenüsse	1284-4	14,90 € | 15,40 €
34	Allgäu	1259-2	14,90 € | 15,40 €
35	Tradition trifft Trend in Oberstaufen	1474-9	14,99 € | 15,50 €
36	Hochgefühl im Berchtesgadener Land	1472-5	14,99 € | 15,50 €
37	CH: Zürich - vertraut und ganz anders	1359-9	14,99 € | 15,50 €
38	CH: Bern und die Hauptstadtregion	1159-5	14,90 € | 15,40 €
39	CH: Willkommen im Engadin	1469-5	14,99 € | 15,50 €
40	A: Gipfel und Seen in Vorarlberg	1364-3	14,99 € | 15,50 €
41	A: Nechybas Wien	1254-7	14,90 € | 15,40 €
42	A: Griaß eich in der Steiermark	1365-0	14,99 € | 15,50 €

Erhältlich in jeder Buchhandlung!

»Ein Navi für Genießer«

»Die persönliche Reiseleitung, die sich weniger an Turbo-Touristen wendet, als vielmehr an Muße-Menschen«

Neue Presse

06

Bremen

07

Niederrhein

08

Weserbergland

17

Frankfurt

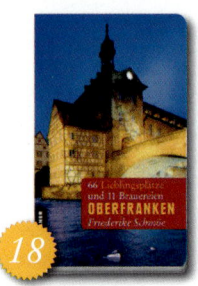

18

Oberfranken

19

Tauberfranken

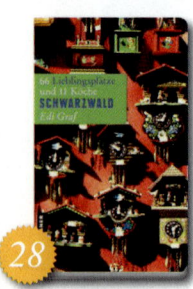

28

Schwarzwald

29

Schwäbische Alb

35

Oberstaufen

36

Berchtesgaden

LIEBLINGSPLÄTZE

Die schönsten Orte mit den Augen des Autors
betrachten, dazu laden Sie unsere reich
bebilderten Reiselesebücher ein. Der Reihentitel
›Lieblingsplätze‹ ist Programm – in jedem
Band ergeben 66 ganz individuelle Porträts eine
Hommage an die Region: In lebendigen
Städten und idyllischen Dörfern, an Meeres-
küsten und Seeufern, auf Bergen und in
Tälern – dort schreiben unsere Autoren.

Lassen Sie sich von ihnen entführen in die
gemütlichsten Cafés, die verwinkeltsten Gassen
und die schönsten Parks. Entdecken Sie
verwunschene Seen, versteckte Wanderpfade
und urige Gasthäuser. Lieblingsplätze gibt
es überall.

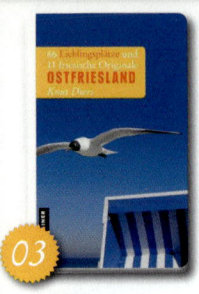

03

Ostfriesland

04

Lübeck

05

Hamburg

14

Dresden

15

Koblenz

16

Wiesbaden

25

Stuttgart

26

Augsburg

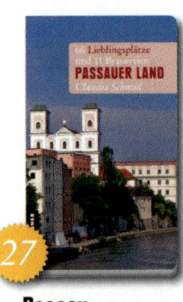

27

Passau

32

Bodensee

33

Bodensee - Genüsse

34

Allgäu

01

Nord- und Ostsee

02

Rügen

12

Köln

13

Sieg

23

Heilbronn

24

Karlsruhe

41

42

30

Oberschwaben

31

München

GMEINER-VERLAG

*Für Einheimische
und Besucher*

KULTUR ERLEBEN

GMEINER

Jeder kennt Santiago de Compostela, das Ziel der Jakobspilger – spätestens seit Hape Kerkelings Bestseller ›Ich bin dann mal weg‹. Doch wer weiß schon, dass der Jakobsweg auch durch Augsburg führt? Ja, dass er sogar Pate stand für ein ganzes Stadtviertel?

Die Jakobervorstadt mit der kleinen Kirche St. Jakob und dem modernen Jakobsbrunnen war im Mittelalter Sammelpunkt der Pilger auf dem Weg nach Spanien. Daran erinnern auch Namen wie Pilgerhausstraße oder Jakobspfründe. Und auch die Jakober Kirchweih, die alljährlich im Juli gefeiert wird, hat ihren Ursprung in der Wallfahrt zum heiligen Jakobus. Sie entstand vor mehr als 1000 Jahren als Attraktion für die Pilger. Man sieht, schon damals dachte man durchaus touristisch.

Heute, da die Wallfahrt wieder boomt, gibt es sogar eine Jakobus Pilgergemeinschaft Augsburg, auch der Jakobsweg durch die Stadt am Lech wurde wieder ausgeschildert. Den Augsburger Jakobsplatz und die Kathedrale in Santiago de Compostela trennen etwa 2.200 Kilometer. Auf dieser Strecke mussten die Wallfahrer des Öfteren übernachten. Dafür waren die Pilgerherbergen da, wie es sie auch in Augsburg gab, die älteste schon im 15. Jahrhundert. Damals war die Jakobervorstadt, die vom gotischen Jakobertor beherrscht wird, ein Handwerkerviertel, eine Wohngegend auch für die niedrigen Stände. Deshalb gründete Jakob Fugger auch seine Sozialsiedlung in der Vorstadt. Heute fühlt man sich hier manchmal wie in Klein-Istanbul, wenn man die Läden anschaut und die Namen auf den Klingelschildern. Doch gerade mit den kleinen Geschäften und der traditionellen Dult, die zweimal im Jahr (Frühjahr und Herbst) zwischen Vogel- und Jakobertor stattfindet, ist die Jakobervorstadt ein sehr lebendiges Viertel, das sich mit dem Zuzug von ausländischen Arbeitskräften und ihren Familien stark verjüngt hat.

✍ Ein Rest der alten Stadtmauer hat sich noch am Jakoberwallturm gleich hinter dem Jakobertor erhalten.

FUGGEREI /// JAKOBERSTRASSE 26 /// 86152 AUGSBURG ///

PUPPENSTUBENIDYLLE
MIT SOZIALEM HINTERGRUND
Fuggerei

9

Wenn Freunde mich fragen, was sie in Augsburg unbedingt anschau-
en sollen, tue ich mich mit der Antwort schwer. Eines aber ist klar:
Auf jeden Fall die Fuggerei. Das muss sein, obwohl sie nicht mehr
original ist. Die Bomben im Zweiten Weltkrieg haben auch den
Großteil dieser ältesten Sozialsiedlung der Welt zerstört. Es ist das
Verdienst der heutigen Fugger, dass die ummauerte Puppenstubenidylle in Honiggelb mit spitzen Giebeln, einer kleinen Kirche und
gepflasterten Gassen heute noch genauso funktioniert wie vor fast
500 Jahren. Sie leiteten nach den Verheerungen im Zweiten Weltkrieg
alsbald den Wiederaufbau der zerstörten Fuggerei ein – ganz im Sinn
des spendablen Ahnen.

1521 hatte Jakob Fugger der Reiche die Siedlung für Augsburger
Bürger gegründet, die in Armut abzugleiten drohten. Denn die dama-
lige Zeit, sie war alles andere als heil. ›Wegen steigender Lebenshal-
tungskosten sanken die Reallöhne. Vormals gutsituierte Handwerker
wurden durch die weit höhere Produktivität großer Kapitalgesell-
schaften auf das Niveau von Lohnarbeitern gedrückt‹, ist im Fug-
gerei-Museum zu lesen. Wem kommt das nicht bekannt vor? Jakob
Fuggers Antwort auf die sozialen Missstände war die Fuggerei. Von
seinen Schützlingen forderte der Wohltäter vor allem Fürbitten. ›Es
soll jeder Mensch, jung oder alt, so es vermag, ein Pater noster, Ave
Maria und einen Glauben alle Tage sprechen für die Fundatores‹, so
steht es bis heute in der Hausordnung. Zinsen in Form von Gebeten
sollte dem frommen Reichen die Stiftung bringen und so seinem See-
lenheil förderlich sein. Berechnend war Jakob der Reiche wohl und –
wenn es um die Mehrung des Fuggerschen Wohlstandes ging – auch
nicht zimperlich. Er vernetzte Europa mit Handelsniederlassungen,
schuf einen internationalen Konzern mit eigener global tätiger Bank
und beteiligte sich finanziell an der ersten Handelsfahrt nach Indien.
Er handelte mit Ländern, finanzierte Kriege und überwand eine be-
drohliche Finanzkrise mit Bravour. Der Mann, der Kaiser und Päpste
seine Freunde nannte, gilt als der erste Global Player der Geschichte.

Jakob Fugger war ein Mann der Renaissance, aber noch vom späten Mittelalter geprägt. Und Mildtätigkeit galt den Reichen und Mächtigen jener Zeit als Verpflichtung.

Eine Verpflichtung, der sich die Familie Fugger noch heute unterwirft. Sie hat dafür gesorgt, dass in der Fuggerei nichts mehr zu sehen ist von den Wunden des Krieges. Im Gegenteil. Die kleine Siedlung wirkt wie ein Renaissance-Städtchen aus einem Guss. Innen freilich wurden die 67 Häuser zum großen Teil auf dem modernsten Stand gebracht. Den 150 Bewohnern soll es an nichts fehlen. Fast alle der 65 Quadratmeter großen Zweizimmerwohnungen haben inzwischen Bad oder Dusche. Mit rund 65 Euro Nebenkosten müssen die Bewohner monatlich rechnen. Dafür zahlen sie wie vor einem halben Jahrhundert gerade mal 88 Cent Jahresmiete, den Gegenwert eines rheinischen Gulden. Die Fugger-Nachkommen müssen da schon tiefer in die Tasche greifen. Eine halbe Million Euro rechnen sie jährlich für den Unterhalt. Und wenn wieder mal eine Renovierung ansteht, wird es schnell teurer. Die Fuggereibewohner, meist ältere Augsburger, aber auch Hartz-IV-Empfänger und eine junge Mutter mit drei Kindern, wissen die Fürsorge zu schätzen. Für sie ist diese Stadt in der Stadt, die auf die Besucher wirkt, als sei sie aus der Zeit gefallen, ein kleines Paradies. Und sie haben sich's darin schön gemacht. Blumen stehen in den Fenstern, die Vorhänge sind blütenweiß, die Türen frisch gestrichen und die Menschen lächeln freundlich. Nur wenn der Besucherandrang gar zu groß ist, dann verschanzen sich die Bewohner in ihren Häuschen und spähen fast verstohlen hinaus auf die kleinen Gassen, wo die Besuchergruppen um die Wette fotografieren.

✑ Im Museum lässt sich die Geschichte der Fuggerei nacherleben, der Bunker informiert über das Ausmaß der Zerstörung im Zweiten Weltkrieg.

DOM UND FRONHOF /// FRAUENTORSTRASSE 1 /// 86152 AUGSBURG ///
08 21 / 3 16 63 53 (PFARREI) /// WWW.BISTUM-AUGSBURG.DE ///

Weithin sichtbar sind die beiden Glockentürme des Augsburger Doms, 62 Meter hoch und seit dem Mittelalter ein Wahrzeichen der Stadt. Man muss nicht besonders fromm sein oder gar katholisch, um vom Anblick dieses mächtigen Gotteshauses beeindruckt zu sein. Mögen Architektur-Puristen ob des Stil-Sammelsuriums auch die Nase rümpfen, ich liebe den romanisch-gotischen Dom Zu Unserer Lieben Frau mit der unterirdischen Krypta. Die Geschichte sorgte dafür, dass sich Romanik, Gotik, Barock, Neogotik und Klassizismus vermischen. Wurde doch die Basilika, deren Ursprünge auf das 9. Jahrhundert zurückgehen, ja womöglich sogar bis ins 4. Jahrhundert zurückreichen, immer wieder erweitert, verwüstet und neu – im Stil der Zeit – aufgebaut. Protestantische Bilderstürmer richteten im 16. Jahrhundert mehr Schaden an als der Zweite Weltkrieg, den der Hohe Dom fast unbeschadet überstand. Erhalten blieben uns die unschätzbaren Prophetenfenster, die als älteste Beispiele dieser Kunst in Europa gelten und auch die wunderschönen Tafelbilder, die Hans Holbein der Ältere 1493 gemalt hat.

Ganz klein fühle ich mich jedes Mal beim Anblick des riesigen Christophorus an der Westwand, einem Fresko aus dem 15. Jahrhundert. Den gotischen Skulpturen an den beiden Eingangsportalen haben Wind und Wetter, vor allem aber der moderne Straßenverkehr arg zugesetzt. Sie mussten restauriert und teilweise auch erneuert werden. Auch die römischen Ausgrabungen auf dem Domplatz leiden unter der Luftverschmutzung.

Auf dem Fronhof zwischen dem Dom und der ehemaligen Fürstbischöflichen Residenz, wo heute die Regierung von Schwaben residiert, ist davon kaum etwas zu spüren. Im Schatten der hohen Bäume und mit Blick auf blühende Blumenrabatten und die Domtürme im Hintergrund kann man hier wunderbar ein paar Stunden verträumen.

✎   Bei einer Stadtführung kann man in der ehemaligen Fürstbischöflichen Residenz auch den prächtigen Rokokosaal besichtigen.

DER STADTHISTORIKER
Franz Häußler

›Den Samen‹ legte ein verehrter Lehrer im Dillinger Gymnasium, der den jungen Franz Häußler für die Geschichte begeisterte. Die klassische wohlgemerkt. Zur Stadtgeschichte kam der langjährige Korrektor bei der Augsburger Allgemeinen erst Jahrzehnte später. Und seit er sich 1998 in den Ruhestand verabschiedet hat, widmet sich der weißhaarige Wahl-Augsburger und passionierte Sammler ganz seinem Hobby.

Seine fundierten Texte zur Geschichte Augsburgs sind aus der Zeitung nicht mehr wegzudenken. Den Titel ›Stadthistoriker‹ verdankt Häußler seiner Mitarbeit bei einer Fernsehdokumentation des Bayerischen Rundfunks über ›Augsburg im Bombenkrieg‹ und die Trümmerjahre. Unermüdlich schöpft er aus seinem gewaltigen Fundus, gestaltet Ausstellungen, hält Vorträge, schreibt Bücher, begleitet Doktoranden bei ihren Forschungen und Schüler bei ihren Recherchen. Für den 72-jährigen Großvater ist das Hobby zum Lebensinhalt geworden.

»Ich fahre jetzt die Ernte von Jahrzehnten ein«, sagt Häußler bescheiden. Der Mann mit den wachen blauen Augen ist zum gefragten Gesprächspartner auch an der Universität geworden. Dabei wollte er sich nie im Mittelpunkt sehen. »Mich haben andere erfunden«, stellt er klar. Zur ersten Veröffentlichung musste ihn ein Zeitungsredakteur drängen. Heute blickt er auf Tausende von Zeitungsbeiträgen und elf Bücher zurück – das zwölfte entsteht gerade. Dabei arbeitet er akribisch und veröffentlicht erst, »wenn ich mit meiner Recherche zufrieden bin.« Häußler sieht sich als Geschichtsschreiber, der auch Menschen einen Zugang ermöglicht, die nicht akademisch gebildet sind. »Für meine Texte braucht man kein Lexikon«, erklärt der Stadthistoriker. Angesichts der »vielen weißen Flecken«, die er in Augsburg immer noch sieht, hat er noch viel Arbeit vor sich. Und trotz mancher Enttäuschungen gibt er die Hoffnung nicht auf, auch bei der Stadtregierung mehr Geschichtsbewusstsein zu wecken.

HAUPTBAHNHOF /// VIKTORIASTRASSE 1 /// WWW.AUGSBURG.DE UND WWW.PROJEKT-AUGSBURG-CITY.DE/HAUPTBAHNHOF ///

WO DER ZUG NACH MÜNCHEN ABFÄHRT
Hauptbahnhof

Vielleicht liegt es wirklich daran, dass hier der Zug nach München abfährt, dass ich diesen Bahnhof trotz all seiner Mängel mag. Diesen Zug hat Brecht angeblich als das Beste an Augsburg bezeichnet – was ich bei der Verbundenheit des Dichters mit seiner Heimatstadt nicht so recht glauben kann. Auch ich nehme gern den Zug nach München, zu Konferenzen, Konzerten, zum Theater, zum Bummeln und, ja, manchmal auch zum Einkaufen. Aber genauso gerne komme ich wieder am Augsburger Hauptbahnhof an. Wenn ich das klassizistische Empfangsgebäude sehe, fühle ich mich gleich wieder zu Hause.

Man sieht es ihm nicht an – aber der Augsburger Hauptbahnhof ist der älteste noch betriebene Hauptbahnhof Deutschlands. 1854 war er der größte Eisenbahnknotenpunkt Bayerns. Auch das ist längst vorbei, durch die Neubaustrecke nach Ingolstadt hat die Bahn Augsburg vom Hauptschnellstreckennetz abgehängt. Geblieben ist der Stadt das schön gegliederte Empfangsgebäude mit der vorgelagerten Säulenhalle. Friedrich Bürklein, der Architekt der Münchner Maximilianstraße, hat es im Stil des romantischen Spätklassizismus gestaltet. Sein Inneres wurde mehrmals entkernt und umgebaut, um es den Anforderungen der modernen Zeit anzupassen. Wie schön dieses Gebäude ist, sehen freilich die wenigsten, die oft in letzter Minute über den völlig zugeparkten Vorplatz sprinten. Und der Bahnhof selbst entbehrt bis heute jeglichen Komforts, keine Rolltreppen, kaum Schutz vor Regen und Kälte, keine behindertengerechten Zugänge zu den Gleisen. Das soll sich ändern. Im Zuge eines groß angelegten städtischen Umbauprojekts soll auch der Bahnhof attraktiver werden – mit einer unterirdischen Straßenbahnhaltestelle, Fußgängertunnel und der Öffnung des Vorplatzes hin zur Stadt. Das Bahnhofsgebäude wird auch diesen Umbau überstehen.

Zu Fuß in die Innenstadt? Kein Problem, die Bahnhofsstraße führt geradewegs ins Herz der Stadt – ohne Schaufensterstopp läuft man gerade mal zehn Minuten.

SYNAGOGE (JÜDISCHES KULTURMUSEUM AUGSBURG-SCHWABEN) ///
HALDERSTRASSE 6 – 8 /// 86150 AUGSBURG /// 08 21 / 51 36 58 ///
WWW.JKMAS.DE ///

HORT DER ERINNERUNG
Synagoge

Wer nicht genau hinschaut, übersieht eines der wichtigsten Gebäude in der Augsburger Innenstadt, die Synagoge. Denn zunächst fällt der Blick nur auf eine abweisende Mauer. Wer das wunderbare Gotteshaus dahinter sehen will, muss bei der israelitischen Kultusgemeinde klingeln. Sie verwaltet den Kuppelbau aus den Anfängen des letzten Jahrhunderts und das jüdische Kulturmuseum, das 1984 als erstes selbstständiges jüdisches Museum nach dem Krieg gegründet wurde.

Eine selbstbewusste jüdische Gemeinde leistete sich 1917 die imposante Synagoge mit ihrem reichen ikonografischen Innenleben. Die 1.200 Mitglieder verstanden sich als Teil der Augsburger Gesellschaft, hatten viele doch maßgeblich zur Blüte der Stadt beigetragen. Dieser Tempel im byzantinischen Stil mit Jugendstilelementen war Ausdruck ihres Selbstbewusstseins. Erstaunlich, dass die Synagoge die Pogromnacht von 1938 äußerlich fast unversehrt überstand. Die Schäden im Inneren wurden zwischen 1974 und 1985 beseitigt, und so kann man dieses architektonische Juwel heute wieder in seiner fast märchenhaft orientalischen Prachtentfaltung bewundern. Für mich immer wieder ein Erlebnis.

Wer mehr über das Schicksal der Augsburger Juden im Dritten Reich erfahren will, kann sich im jüdischen Kulturmuseum informieren. Hier wird ihre Kultur und Leidensgeschichte ebenso dokumentiert wie die Geschichte der Synagoge und die Wiederbelebung der jüdischen Gemeinde, die durch Zuwachs aus den ehemaligen Sowjetstaaten wieder auf 1.700 Mitglieder angewachsen ist. Auch Mietek Pemper gehörte ihr an, der Oskar Schindler dabei half, Juden zu retten, und 2011 im Alter von 91 Jahren in Augsburg starb. Im Lesecafé erinnert der Coca-Cola-Schriftzug an Walter Landor. Der Sohn von Fritz Landauer, dem Architekten der Augsburger Synagoge, hat dieses unverwechselbare Schriftbild gestaltet.

✍ In der ›Literaturhandlung‹ gibt es nicht nur Bücher zur jüdischen Geschichte oder jüdische Kultgegenstände, sondern auch eine kleine Auswahl an koscherem Wein.

ALTES STADTBAD /// LEONHARDSBERG 15 /// 86150 AUGSBURG ///
08 21 / 3 24 97 79 /// WWW.WELLNESS-CAFE-IM-ALTEN-STADTBAD.DE ///

EIN JUGENDSTILJUWEL, DAS BEINAHE BADEN GING
Altes Stadtbad

13

Als wir früher mit der Schule zum Schwimmen gingen, war das Alte Stadtbad unser Ziel. Damals lärmten wir nur herum und versteckten uns in den spartanischen Umkleidekabinen – die Schönheit der Anlage blieb uns verborgen. Zwischenzeitlich ist das Stadtbad als Schulschwimmbad abgelöst worden. Und irgendwann war das ehemalige Volksbad im schönsten Jugendstil so marode, dass es einzustürzen drohte. Zur Zweitausendjahrfeier der Stadt sprudelte Geld aus München zur Sanierung des baulichen Juwels – es war nach dem Müllerschen Volksbad in München immerhin das zweite Hallenbad Bayerns – und 1992 eröffnete das Bad nach langer Schließung in neuem, altem Glanz. Doch das ist noch nicht das Ende der Geschichte. Denn in dem Hallenbad mit seinen Schwimmbädern und Saunen, das von Anfang an gegen Feuchtigkeit im Mauerwerk zu kämpfen hatte, besteht immer wieder Sanierungsbedarf. Dem Augsburger Stadtrat wurden die Ausgaben irgendwann zu viel und er beschloss, das Gebäude an einen privaten Investor zu verkaufen. Doch da hatte er nicht mit den Augsburgern gerechnet, die ihr Altes Stadtbad nicht so einfach verschleudert sehen wollten. Die Freunde des Alten Stadtbads machten mobil: Ein Bürgerbegehren verhinderte den Ausverkauf.

In solchen Scharen wie zur Gründerzeit kommen aber die Badenden heute nicht. Mit Wohlfühl-Tagen versucht man deshalb, dem Zeitgeist auf die Sprünge zu helfen. Ein Wellness-Café lädt zur Entspannung bei Kaffee und Kuchen ein. Es gibt Massagen, Ayurveda, Sektfrühstück mit Saunabesuch und mehr. Nur ein Hundebad wie ganz früher gibt es nicht mehr.

Das alles brauche ich nicht. Ich liebe die verspielten Jugendstil-Fresken, und ich bin richtig glücklich darüber, dass das schöne irisch-römische Dampfbad nach langer Restaurierung endlich wieder geöffnet ist.

⌖ Im Sommer können Saunagäste auf der Dachterrasse des Alten Stadtbades ungestört entspannen.

KOMÖDIE

GIGNOUX-HAUS /// VORDERER LECH 8 /// 86150 AUGSBURG ///

Als Schülerin wollte ich unbedingt Schauspielerin werden. Selbstverständlich hatte ich auch ein Theater-Abo. Und am liebsten ging ich in die Komödie, wo man der Bühne und damit den Schauspielern ganz nah war. Die Schauspiel-Filiale des Stadttheaters war zu der Zeit im Gignoux-Haus im Lechviertel untergebracht. Und in den Pausen standen wir gerne draußen vor der Tür und schauten auf die schöne Rokoko-Fassade des denkmalgeschützten Hauses, auf das Augsburg zu Recht stolz war. Freilich registrierten wir schon damals, dass diese so reich verzierte Fassade Risse bekam.

Vielleicht aus diesem Grund verkauften die damaligen Eigentümer das Haus an einen Immobilienhändler. Der neue Besitzer ließ erst einmal alles beim Alten. Als dann das Theater auszog, schien das Gignoux-Haus auch niemanden mehr zu kümmern. Und so bröckelt das einstige Juwel der Altstadt vor sich hin. Selbst nach dem überraschenden Tod des Käufers, der wegen Insolvenzbetrugs einsaß, scheint sich daran nichts zu ändern. Zu unterschiedlich sind wohl die Preisvorstellungen der Erben und die Möglichkeiten der Stadt.

Wie sich die Fälle gleichen: Schon einmal war ein insolventer Mann Herr über das Haus, das eigentlich einer Frau gehörte: Anna Barbara Gignoux hatte es 1760 von ihrem Mann geerbt, dem Kattunfabrikanten Johann Friedrich Gignoux. Ihr neuer Ehemann, Georg Christoph Gleich, plante größer. Er wollte ein palaisartiges Manufakturgebäude – und ging damit in Konkurs. Seine Frau führte die Manufaktur im Namen ihrer Kinder weiter und holte sich nach der Scheidung auch das Haus zurück. Die tatkräftige Kattunfabrikantin ging in die Augsburger Stadtgeschichte auch als Mäzenin großer Künstler ein, was allerdings zwischenzeitlich widerlegt ist. Die neueren Erkenntnisse haben allerdings noch keinen Platz auf der Gedenktafel am Gignoux-Haus gefunden.

✍ Im angrenzenden Haus war – schon seit ich denken kann – ein Restaurant untergebracht. Damals das Blaue Krügle. Heute wird hier italienisch gespeist.

NEBEN DIESEN SCHMUCKEN WOHNHÄUSERN FINDET SICH IM THELOTT-
VIERTEL AUCH DAS ARCHITEKTURMUSEUM SCHWABEN ///
THELOTTSTRASSE 11 /// 86150 AUGSBURG /// 08 21 / 2 28 18 30 ///
WWW.ARCHITEKTURMUSEUM.DE/AUGSBURG ///

WOHLIGES WOHNGEFÜHL
Thelottviertel und Architekturmuseum

15

Früher waren wir öfter im Thelottviertel zu Gast – bei Freunden. Sie bewohnten eines der schönen Reihenhäuser mit Erker und Holzspalier. Und sie pflegten es liebevoll. Die Freundschaft ist zerbrochen wie die Ehe der Freunde, aber im Thelottviertel bin ich immer noch gerne, bummele durch die kleinen Straßen, schaue in die gepflegten Gärten und spähe durch die hübschen Sprossenfenster.

Es ist eine gutbürgerliche Gegend, diese älteste Gartenstadt Deutschlands, die der Architekt Sebastian Buchegger geplant und zusammen mit seinem Schweizer Kollegen Heinrich Sturzenegger verwirklicht hat. Herz dieser schon früh von Städtebau-Experten als vorbildlich gewürdigten ›Einfamilienhäuser-Colonie‹ aus der Gründerzeit ist heute das Architekturmuseum Schwaben, das in der repräsentativen und denkmalgeschützten Buchegger-Villa untergebracht ist. In dieser Zweigstelle des Architekturmuseums der Technischen Universität München, die von der Arno-Buchegger-Stiftung finanziert wird, kann man sich seit 1995 nicht nur mit den zeitgenössischen Trends in der regionalen Architektur auseinandersetzen, man kann auch besichtigen, wie der visionäre Architekt mit seiner Familie gewohnt hat. Möbel und Lampen aus dem Buchegger-Nachlass sind noch erhalten. Bei Architekturgesprächen und Vorträgen profiliert sich das Museum auch als Forum für junge, ambitionierte Architekten. Die Bombenangriffe des Zweiten Weltkriegs hat das Thelottviertel fast unbeschadet überstanden. Heute stehen die meisten Häuser unter Ensembleschutz, sodass man auch draußen vor der Buchegger-Villa durch eine Art Architekturmuseum spazieren kann. Und doch weht der Wind der Veränderung auch hier: Im Gasthof Lenzhalde, wo beim Bau der Gartenstadt die Arbeiter untergebracht waren, ist eine Tex-Mex-Filiale eingezogen.

🐾 Nur einen Katzensprung ist es von der Gartenstadt zum Park: Der Wittelsbacher Park liegt in Laufnähe.

MODERNE KUNST STATT SPINNMASCHINEN
Glaspalast

16

Als die Mechanische Baumwollspinnerei und Weberei Augsburg (SWA) 1910 ihr Werk IV Aumühle, einen imposanten Stahlskelettbau mit fünf hohen Geschossen, in Betrieb nahm und 1.200 Arbeiter mit der Produktion begannen, war Globalisierung noch ein Fremdwort. Niemand kam auf die Idee, dass Augsburgs traditionsreiche Textilindustrie nur 60 Jahre später am Boden liegen würde. Ein Textilunternehmen nach dem anderen schloss die Tore, und zur Jahrtausendwende war die Textilindustrie Geschichte. Die wegen ihrer großflächigen Fensterfassaden ›Glaspalast‹ genannte Spinnerei mit dem auffallenden Turmaufbau schien ihre beste Zeit hinter sich zu haben, denn auch die SWA war Opfer der Textilkrise geworden. Mehr als zehn Jahre lang suchte die Stadt nach einer Verwendung für dieses einstmals so fortschrittliche und repräsentative Industriedenkmal, bevor sie den Glaspalast an den Bauunternehmer Ignaz Walter verkaufte.

Walter sanierte das Bauwerk mit großem Aufwand und eröffnete 2002 seine Privatsammlung Moderner Kunst im Museum Walter. Auch die Galerie Noah zog ein, eine der großen deutschen Kunstgalerien mit Schwerpunkt Moderne Kunst. Seit 2006 sind im Erdgeschoss zudem das städtische ›H2 – Zentrum für Gegenwartskunst‹ und die Staatsgalerie Moderne Kunst, eine Zweigstelle der Münchner Pinakothek der Moderne, untergebracht. In den lichtdurchfluteten ehemaligen Spinnsälen können selbst großflächige Installationen Platz finden und ihren Reiz entfalten. In diesem inspirierenden Umfeld sollen Kinder an die Kunst herangeführt werden – bei samstäglichen Kunst-Workshops. Für junge Erwachsene finden im Glaspalast Prosa- und Lyrikkurse statt. So ist dieser Palast aus Glas, einstmals im Zentrum der Textilindustrie, zu einem Zentrum für urbane Kunst und Kultur geworden. Es gibt schlechtere Karrieren, finde ich.

🍴 Kunstgenuss kann auch hungrig machen. Das Restaurant Magnolia im Glaspalast wirbt mit ambitionierter Küche in trendigem Ambiente.

DIE VORZEIGEUNTERNEHMERIN
Sina Trinkwalder

Sina Trinkwalder braucht jetzt erst einmal einen Kaffee. Sie hat bis um 3 Uhr früh gearbeitet. Für die Vorzeigeunternehmerin, die mit ihrer Öko-Manufaktur Manomama das ›erste soziale Textilunternehmen in Deutschland‹ betreibt, nichts Besonderes. »Die Welt retten ist kein 400-Euro-Job«, scherzt die 34-Jährige und ihre Augen funkeln angriffslustig.

Die Idee, ihre Kraft und Energie für »etwas Sinnvolles« einzusetzen, kam der mit einer Werbeagentur zu Geld gekommenen jungen Frau nach der Geburt ihres Sohnes vor acht Jahren. Mit ihrem Betrieb wollte sie ausgegrenzten Menschen eine Chance zur Teilhabe an der Gesellschaft geben: alleinerziehenden Müttern, Migranten, Behinderten, Langzeitarbeitslosen. Ihre Mitarbeiter – größtenteils Frauen, von der Chefin ebenso respekt- wie liebevoll ›Ladies‹ genannt – können sich ihre 25 Stunden wöchentliche Arbeitszeit selbst einteilen. So will Sina Trinkwalder dabei helfen, Familie und Beruf zu vereinbaren. Sie zahlt ihren Leuten, die sie zu ›kleinen Unternehmern‹ erziehen will, zehn Euro Stundenlohn. Viele schaffen mehr als die dafür vorgegebenen 75 Säume in der Stunde – und verdienen auch mehr.

Für ihr soziales Engagement ist die mutige Jungunternehmerin mehrfach ausgezeichnet und in Zeitungen und Magazinen gewürdigt worden. Doch ihr fehlt die Unterstützung der Stadt, in der sie die traditionsreiche Textilindustrie ein Stück weit wiederbeleben will. »Mit den Backsteinen, die mir die Verwaltung in den Weg gelegt hat, könnte ich ein Hochhaus bauen«, sagt Trinkwalder. Dabei wollte sie nie etwas geschenkt, hat ihr Projekt am Anfang ordentlich subventioniert. Inzwischen trägt es sich selbst, »auch weil wir alle zusammenhalten wie eine große Familie.« Trotz aller Widerstände mag Sina Trinkwalder Augsburg, für sie »die schönste Stadt in Deutschland«. Und gerade weil sie sich hier wohlfühlt, engagiert sie sich für die Menschen, denen es nicht so gut geht.

STAATLICHES TEXTIL- UND INDUSTRIEMUSEUM AUGSBURG TIM ///
PROVINOSTRASSE 46 /// 86153 AUGSBURG /// 08 21 / 8 10 01 50 ///
WWW.TIMBAYERN.DE ///

DREI GRAZIEN UND VIEL GESCHICHTE
Textil- und Industriemuseum tim

17

Das hatte Augsburg lange gefehlt, ein Museum, das die Glanzzeiten der Stadt als Textilmetropole zeigt – und auch deren Schattenseiten. Mehr als zwei Jahrzehnte wurde geplant. 2010 konnte dann das Staatliche Textil- und Industriemuseum (tim) im ehemaligen Textilviertel öffnen. Der Grazer Architekt Klaus Kada hat ein Gebäude der Augsburger Kammgarn-Spinnerei so genial umgebaut, dass sich hier großflächig die bayerische Textilgeschichte in Szene setzen kann.

Obwohl ich in Augsburg geboren wurde, staune ich immer wieder über die ›Fundsachen‹, die hier zu sehen sind. Die bedruckten Stoffe auf den großen Rollen, die bunten Garne, die riesigen Spinn- und Webmaschinen, die einen Höllenlärm machen, wenn sie zu Demonstrationszwecken laufen. Die armen Arbeiterinnen, die sie bedienten, müssen schwerhörig geworden sein. Das tim soll Zusammenhänge erklären, eine Brücke schlagen zwischen Tradition und Trends. Den langen Gang, der den Maschinensaal vom Ausstellungsraum trennt, dominieren die ›Drei Grazien‹, überwältigend große Frauengestalten. Eine trägt ein bunt gemustertes Patchwork-Kleid. Die anderen beiden sind in strahlend weiße Kleider gehüllt, auf die per Beamer Druckmuster aus der einzigartigen Mustersammlung der Neuen Augsburger Kattunfabrik (NAK) projiziert werden können.

Mittels Touchscreen können sich die Besucher als Designer betätigen und die weißen Grazien mit den unterschiedlichsten Mustern verschönern. Das tim ist auch ein Mitmach-Museum. Man kann hier Wolle kämmen und einen Faden spinnen. Man kann aber auch einfach durch die Mode von gestern bummeln, den punkigen Hosenanzug der Fürstin Gloria bewundern, den noblen Cut, das brave Kinderkleid oder den Strick-Bikini. Ach ja: Der silberglänzende Kaftan ist kein Kostüm aus Star Wars, sondern ein hitzefester Anzug für Stahlarbeiter. Man lernt nie aus!

🕮 Das Restaurant Nunó im tim bietet zu bestimmten Terminen ›Museum am Abend‹ – Abendführungen durchs Museum, garniert von international inspirierten Menüs: www.nuno-augsburg.de

KURHAUS GÖGGINGEN /// KLAUSENBERG 6 /// 86199 AUGSBURG ///
08 21 / 9 06 22 11 /// WWW.PARKTHEATER.DE ///

WIE PHÖNIX AUS DER ASCHE
Kurhaus Göggingen

18

Wer heute im wunderschönen Gögginger Kurhaus ein Konzert oder ein Varieté besucht, käme nie auf die Idee, dass dieses Bauwunder vor 40 Jahren vom Abriss bedroht war. Ausgerechnet eine Brandstiftung rettete den einzigartigen Bau mit seinen Glas- und Gusseisenelementen vor der endgültigen Zerstörung.

Geplant hatte das einem englischen Wintergarten nachempfundene Gebäude 1886 der Augsburger Architekt Jean Keller. Auftraggeber Hofrat Friedrich Hessing, Pionier der Orthopädie und Begründer der Orthopädischen Heilanstalt in Göggingen, wollte mit dem in einen Park eingebetteten Multifunktionstheater die Heilung seiner Patienten unterstützen. Der Niedergang des Hauses, das bei seiner Eröffnung mit einem hydraulischen Bühnenboden, Warmluftheizung und elektrischer Beleuchtung wegweisend war, hatte schon im Dritten Reich eingesetzt, als das Gebäude in ein Lichtspieltheater umgebaut wurde. Die Amerikaner nutzten es nach dem Krieg kurzfristig als Truppenkino. Zwar erlebte das Kurhaus bis 1951 eine kurze Blütezeit als Theater-Dependance. Doch nach dem Verkauf an private Investoren wurde es zunehmend vernachlässigt – in den 60ern fehlte es wohl an Gespür für die historische Bausubstanz. Das einst so prächtige Kurhaus wurde zum Baustofflager degradiert, der Abriss war nur noch eine Frage der Zeit.

Erst nach dem Brand im Oktober 1972, dem die später eingebauten Zwischendecken und die Wandverkleidungen zum Opfer fielen, erkannten Experten die Bedeutung des Bauwerks, das alsbald unter Denkmalschutz gestellt und von der Stadt zurückgekauft wurde. Es dauerte allerdings noch weitere 24 Jahre, bis das Kurhaus in alter Pracht wiedererstand, ein Juwel des Historizismus und weltweit das einzige noch erhaltene Gebäude seiner Art.

   ⌀   Kultur & Genuss heißt das Programm, bei dem man im Theatersaal zum Augen- auch den Gaumenschmaus serviert bekommt, präsentiert von unterschiedlichen Caterern.

GASWERK /// AUGUST-WESSELS-STRASSE 30 ///
86156 AUGSBURG-OBERHAUSEN /// 08 21 / 58 50 41 ///
WWW.GASWERK-AUGSBURG.DE ///

EINZIGARTIGES ENSEMBLE
MIT UNGEWISSER ZUKUNFT
Gaswerk

19

Dass Industriekultur auch wunderschön sein kann, wusste ich lange nicht, obwohl Augsburg eine große Geschichte als Industriestandort hinter sich hatte und die Textilbarone Fabriken hingestellt haben, die Schlössern ähnlicher waren als den damals üblichen ärmlichen Behausungen ihrer Arbeiter. Schlossartig ist auch das Gaswerk, zwischen 1913 und 1915 erbaut, damals das modernste weit und breit. Heute ein Denkmal von internationalem Rang, wie Karl Ganser urteilt, der als ›Architekt des neuen Ruhrgebiets‹ weltweite Anerkennung genießt.

Großartige Innenräume gibt es in diesem schönen Gründerzeit-Ensemble rund um den Gaskessel, zum Beispiel einen Scheibengasbehälter, der mit 86 Metern Höhe weithin zu sehen ist. Nur der Hotelturm und der Turm von St. Ulrich sind höher. Dass man im Augsburger Gaswerk den Weg der Leuchtgaserzeugung Gebäude für Gebäude abwandern kann, ist einzigartig in ganz Europa. Ofenhaus, Kühlerhaus, Apparatehaus, Reinigerhaus – alles noch erhalten, obwohl die Produktion von Leuchtgas hier 1978 endgültig endete. Ebenso wie ›die weltweit einmalige Ansammlung von vier unterschiedlichen Gasbehältern, die zwischen 1910 und 1953 erbaut wurden‹ (Karl Ganser), und die dieses Gaswerk zu einem ›Freilichtmuseum der Gasspeichertechnik‹ machen. Noch bis 2001 wurde im Gaswerk Erdgas eingespeist. Auch das ist vorbei. Und die Zukunft dieses denkmalgeschützten Ensembles ist bis heute ungewiss.

Das Gaswerk sucht neue Nutzer, Kulturschaffende vielleicht, innovative Veranstalter wie im Gasometer in Oberhausen, mutige Geschäftsleute. Die Grenzenlos Festivals, die bisher auf dem Gelände stattfanden, waren ein voller Erfolg. Bei solchen Veranstaltungen strömen die Augsburger in Scharen zum Gaswerk. Mindestens einmal im Jahr bin ich auch dort und überzeuge mich davon, dass alles noch so steht, wie es war.

✍ Im Kessel können Besucher das von der Uni Augsburg installierte Foucaultsche Pendel besichtigen und den Klängen einer Orgelinstallation lauschen.

STADTMARKT /// FUGGERSTRASSE 1 /// 86150 AUGSBURG ///
08 21 / 3 24 39 04 /// WWW.STADTMARKTAUGSBURG.DE ///

DIE AUSLAGE DER STADT
Stadtmarkt

20

Was wäre Augsburg ohne seinen Stadtmarkt? Zumindest am Wochenende sind wir da, um einzukaufen. Und jedes Mal ist es ein Erlebnis. Besonders schön natürlich im Frühling und Sommer, wenn all die Blumen einen betörenden Duft verströmen und die Obsthändler frische Beeren und Sommerfrüchte anbieten. Wenn man draußen sitzen und die Marktszenen beobachten kann. Dann kann ich kaum an der Blumenhändlerin vorbeigehen, die immer so wunderschöne Gestecke macht, ohne eines mit nach Hause zu nehmen.

Aber auch im Herbst lohnt sich ein Gang über den Markt. Die Bauern bieten zusätzlich zu ihren üblichen Waren auch Schälnüsse, Pilze, Kartoffeln und Äpfel an. Wir lieben die frische Butter ›unserer Bäuerin‹, ihre ›Göckele‹ und Eier und zu Weihnachten auch die Gänse und Enten. Im Winter schlüpfen die Bauern in der Viktualienhalle unter, da, wo sich ohnehin viele Augsburger treffen – beim Türken zum Kaffee oder Frühschoppen, beim Thai zum Mittagessen oder auf einen Schoppen Wein beim Weinhändler.

Überhaupt das Angebot an Speisen und Getränken. Da fällt die Wahl schwer. Ein Backhendl beim Österreicher? Eine Fischsuppe beim Fischhändler? Beim Biometzger einen Braten mit Klößen? Oder beim Türken eine Vorspeisenplatte? Ach ja, eigentlich ist dieser Stadtmarkt aus den 20er-Jahren des letzten Jahrhunderts auf dem Gelände einer ehemaligen Tabakfabrik genau reglementiert. Es gibt eine Fisch- und eine Bäckergasse, eine Blumen-, Obst- und Gemüsegasse. Aber schon da geht's durcheinander. Gemüsehändler bieten auch Obst an und in der Gemüsegasse haben sich auch kleine Läden angesiedelt, die originelle Handarbeiten und Geschenke anbieten. Auch in der Fleischhalle sind nicht nur Metzger zu finden, sondern auch ein asiatischer Imbiss und Stände mit griechischen und türkischen Spezialitäten. Die Globalisierung macht auch vor dem Stadtmarkt nicht halt. Und das ist auch gut so.

🖉   Bei Erbas in der Viktualienhalle ist immer was los. Die Augsburger kommen zum Kaffee oder auch auf ein Glas Wein und der Patron hat immer Zeit für ein Schwätzchen.

DIE GEMÜSEFRAU
Daniela Neubert

Ihre Mutter hat schon meine Söhne groß werden sehen. Der Gemüsestand auf dem Augsburger Stadtmarkt hat viele Stammkunden wie mich – und genau das schätzt auch Daniela Neubert an ihrem anstrengenden Job. Vor sechs Jahren hat die 40-jährige Mutter von siebenjährigen Zwillingssöhnen den elterlichen Stand übernommen. »Eine Knochenarbeit« für die eher zart gebaute dunkelhaarige Augsburgerin, die sich der Familientradition verpflichtet fühlt. Schließlich war schon die Oma auf dem Markt, anfangs »als fahrende Händlerin«, später mit festem Platz. 1972 bezogen die Eltern den Stand, der heute mit einer Gemüseauswahl glänzt, die man so nur selten bekommt.

Das liegt auch daran, dass die Familie die Gärtnerei aufgegeben hat, nachdem der Vater schwer krank wurde. Daniela Neubert fährt gerne auf den Großmarkt nach München, wo sie immer wieder nach Neuem und Ausgefallenem stöbert – und fündig wird. »Wenn ich schon nicht in die Welt reisen kann, dann will ich sie mir zumindest ins Haus holen«, sagt sie und lacht. Nein, das Reisen vermisst sie nicht. So etwas gab es nicht in der Familie. Wie auch? Man musste ja Tag für Tag da sein für die Kunden. Weil sie als Kind gesehen hat, wie ihre Eltern sich abrackerten, wollte die gelernte Einzelhandelskauffrau eigentlich nie auf den Markt. Doch als auch die Mutter erkrankte, sprang sie ein, ganz selbstverständlich.

Sie wusste, was auf sie zukam. 12- bis 17-Stunden-Tage, kaum Zeit für die Familie, erst recht nicht für Freunde. »Die Rolle übernehmen oft die Stammkunden«, räumt Daniela Neubert ein. Von vielen kennt sie die Lebensgeschichte. »Das Bunte ist das Schöne auf dem Markt«, schwärmt sie und hofft, dass diese Vielfalt noch möglichst lange erhalten bleibt. Mehr Unterstützung von der Stadt würde sie sich wünschen, mehr Anerkennung auch für die Marktkaufleute und dass die Menschen mit dem zufrieden sind, was sie haben.

RIVA DEI TOR
PROSECCO
Spumante Cuvée Brut

Fougerus
100g 2,80€

Boursaintrain

Trüffelbrie
100g 7,95€

Brie de Meaux
100 g 2,60€

Brillant Savarin mit Trüffel
100g 3,

Pyramide Cendrée fermiere
Frankreich Ziege
St. 8,95€

Carré de Bonny

EIN STÜCK FRANKREICH IN AUGSBURG
Wein und Käse

21

Ich liebe Frankreich, vor allem die kleinen Läden in den Städtchen, wo noch der Besitzer selbst die Wurst aufschneidet und den Käse empfehlen kann, den er beim Ziegenhirten seines Vertrauens bestellt. Deshalb mag ich auch diesen Laden in der Augsburger Innenstadt. ›Wein und Käse‹ heißt er, und er ist für mich ein Stück Frankreich. Hier gibt es – nomen est omen – alles, was das Feinschmeckerherz begehrt. Und der Patron reist selbst durch die Lande, um den Rohmilchkäse aus Frankreich, den Pata-Negra-Schinken aus Spanien und besondere Weine einzukaufen. Ein bisschen chaotisch ist der kleine Laden auch, genauso wie die Läden in Frankreich, unübersichtlich und vollgestopft mit Genussvollem. An den Wochenenden stehen sich die Kunden manchmal die Beine in den Bauch, weil der Andrang so groß ist. Unter der Woche aber bin ich als Kunde König und kann mir Zeit lassen bei der Auswahl der Delikatessen.

Oder ich lasse mich doch vom Duft des frisch Zubereiteten verführen, noch eine Kleinigkeit zu essen. Es hat sich herumgesprochen, dass man hier zur Mittagszeit auch was Feines verspeisen kann: Tagliatelle mit frischen Pfifferlingen in Riesling, gegrillte Schweinshaxe auf frischem Gemüse, kleine Brötchen mit Schinken oder Käse, Vorspeisenteller, Suppen, Salate. Immer wieder treffe ich im Laden Bekannte, manchmal auch solche, die ich Ewigkeiten nicht gesehen habe. Stammgäste von ›Wein und Käse‹ wie ich. Im Sommer sitzt man draußen mit einem Rosmarinstöckchen auf dem Tisch und lässt sich schmecken, was der Koch des Hauses so alles zusammengerührt hat und die Hausherrin ihren Gästen auftischt. Und bei einem schönen Glas Sancerre oder grünem Veltliner könnte man glatt vergessen, dass man schon bald wieder in die Arbeit muss.

✐ Eine Showküche gibt es hier nicht, dafür ist der Laden zu klein. Aber an der Theke kann man in die Töpfe schauen wie früher in den griechischen Tavernen.

RESTAURANT

AUGUST /// FRAUENTORSTRASSE 27 /// 86152 AUGSBURG ///
08 21 / 3 52 79 ///

ZWEI STERNE FÜR DEN KÜCHENZAUBERER

Restaurant August

22

Da hat Augsburg schon mal einen Koch, den der Guide Michelin mit zwei Sternen würdigt – den einzigen übrigens in der ganzen Stadt. Und dann wird auch da gemäkelt. Über die zu vielen Grüße aus der Küche, über die langen Essenszeiten, die vielen Ruhetage und überhaupt über den Küchenchef Christian Grünwald, der ein rechter Scharlatan sei.

Solche Kritik kann ich nicht teilen. Wahr ist, dass dieser Koch und seine Küche nicht jedermanns Sache ist. Darauf legt Christian Grünwald, als ebenso kreativ wie eigenwillig bekannt, auch keinen Wert. Ihm geht es um die Verwandlung von Lebensmitteln in kunstvolle Genussobjekte. Und das gelingt dem 1964 im schwäbischen Wangen geborenen Koch wunderbar. Dass er sich auch im Bereich Bildender Künste umgesehen hat, erkennt der Gast schon an den kapriziösen Details der absolut durchkomponierten Sieben-Gänge-Menüs.

Allerdings sollte er auch wissen, dass diese Menüs zu einem abendfüllenden Programm ausarten und entsprechend viel Zeit mitbringen. Denn mit den unterschiedlichsten Grüßen aus der Küche werden aus den bestellten 7 bis zu 16 Gänge. Uns hat das immer gefallen, weil wir uns gerne überraschen lassen und weil wir auch gerne ungewöhnliche Geschmackskombinationen auf der Zunge zergehen lassen wie Liebstöckel-Creme oder Parmesan-Eclair. In dem winzigen Restaurant, das sich zwischen anderen ebenso unauffälligen Häusern kleinmacht, lenkt nichts von der Konzentration auf die Kunst auf dem Teller ab. Die Einrichtung ist puristisch, der Service aufmerksam. Den Küchenzauberer Christian, der in der Schweiz, der Karibik, in Amerika und Luxemburg Erfahrungen sammelte, ehe er 1989 in Augsburg das Restaurant August eröffnete, bekommt man allerdings eher selten zu Gesicht. Schade eigentlich, ich hätte ihm gerne persönlich gesagt, wie toll ich sein Menü fand!

✍ Das Restaurant ist Sonntag, Montag und Dienstag geschlossen. Unbedingt reservieren!

ST. ANNA /// IM ANNAHOF 2 /// 86150 AUGSBURG ///
08 21 / 34 37 10 /// WWW.ST-ANNA-AUGSBURG.DE ///

WO LUTHER SCHLIEF
UND AUS AUGSBURG FLOH

St. Anna

23

Die Kirche St. Anna steht heute im Herzen der Stadt direkt an der Fußgängerzone Annastraße. Für mich ist die evangelische Hauptkirche eine der schönsten Kirchen Augsburgs, auch weil ihre Geschichte eng verbunden ist mit der Augsburger Stadt- und Religionsgeschichte.

Die Kirche gehörte im 14. Jahrhundert zu einem Karmeliterkloster, über die Jahrhunderte wurde sie erweitert und mit wertvollen Gemälden ausgeschmückt, teilweise auch barockisiert. In der Goldschmiedekapelle überdauerten Fresken aus dem 15. Jahrhundert. Die Fugger ließen sich eine eigene Grabkapelle im Stil der Renaissance errichten. Doch zu geschichtlicher Bedeutung kam die Kirche vor allem durch Martin Luther.

Der Reformator übernachtete im Jahr 1518 vom 7. bis 20. Oktober im Karmeliterkloster, während er auf Weisung des Papstes vom römischen Kardinal Cajetan im Fuggerpalais verhört wurde. Weil er sich weigerte, seine 95 Thesen zu widerrufen und sich seines Lebens nicht mehr sicher war, floh Luther des Nachts aus dem Kloster und der Stadt. An diese Flucht und an Luthers Tage in Augsburg erinnert die Lutherstiege samt kleinem Museum in der Annakirche. Eingerichtet wurde es 1983 zu Luthers 500. Geburtstag. Mit Videoanimation, Installationen und lebensgroßen Figuren wurde es 2011 an den Zeitgeist angepasst. Hier erfährt man auch, wie es in Augsburg weiterging und dass St. Anna als eine der ersten Kirchen in der einstigen katholischen Hochburg Augsburg evangelisch wurde. In den Räumen des ehemaligen Klosters wurde das Gymnasium St. Anna gegründet, das Stadtbaumeister Elias Holl durch ein Schulhaus und eine Bibliothek ergänzte. Das Gymnasium mit dem traditionsreichen Namen ist längst umgezogen, der Annahof wurde neu gestaltet als großzügiger, großstädtischer Platz mit dem Flair einer italienischen Piazza.

🍴 Das Restaurant anna im Annahof erfreut durch eine kreative Küche. Im Sommer kann man draußen das Piazza-Feeling genießen.

HERMANFRIEDHOF /// HERMANSTRASSE 26 /// 86150 AUGSBURG ///
08 21 / 3 29 03 13 (FRIEDHOFSAMT) /// WWW.BISTUM-AUGSBURG.DE ///

Ein Friedhof als grüne Oase? Nicht nur weil meine Familie hier begraben liegt, mag ich den Hermanfriedhof. Als er gegründet wurde, lag er außerhalb der Stadtmauer, heute befindet er sich mitten in der Stadt. Und dennoch ist es still hier, der Verkehrslärm brandet an die Friedhofsmauer, durchdringt sie aber nicht.

Der Friedhof ist alt, eröffnet wurde er schon Ende des 16. Jahrhunderts, nachdem die Katholiken von der Stadt einen eigenen Friedhof erbeten hatten. Ein Antrag, den der Magistrat nicht ablehnen konnte: Schließlich gab es zu der Zeit schon den Protestantischen Friedhof, den sich übrigens Elias Holl als letzte Ruhestätte ausgesucht hat. Die Stadt kaufte von dem Adligen Mars von Rehlingen ein Gartengrundstück, das sie durch den Ankauf eines Nachbargrundstücks im Jahr darauf noch erweiterte. Im Jahr 1600 wurde der katholische Gottesacker eingeweiht. Später kam noch ein Stück Bauernland hinzu. Größer werden kann der Friedhof heute nicht mehr, die Grundstückspreise sind zu hoch. Platz gibt es dennoch – immer mehr Gräber werden aufgegeben. Die noch bestehenden sind bis auf wenige Ausnahmen sorgsam gepflegt, große Bäume spenden Schatten. Ich liebe den großen Engel, der mir schon als Kind den Weg zum Familiengrab gewiesen hat. Ein bisschen Kitsch, finde ich, tut jedem Friedhof gut.

Was ich weniger schön finde, sind die genormten Grabsteine, die in letzter Zeit überhand genommen haben. Sie erinnern mich immer an Reihenhaussiedlungen, wo auch jedes Haus gleich aussieht. Ein Grund für Touristen, den Hermanfriedhof zu besuchen, ist die Michaelskapelle, die 1604 nach Plänen des Stadtbaumeisters Elias Holl errichtet wurde. Ein Glanzlicht ist das mit großem Aufwand von Hermenegild Peiker wiederhergestellte Deckengemälde ›Jüngstes Gericht‹. Das Original war in der Bombennacht 1944 vernichtet worden.

✍   Das Pendant zum katholischen Hermanfriedhof ist der Protestantische Friedhof in der Haunstetter Straße: www.protestantischer-friedhof.de

Da stehen sie in trauter Eintracht, die große katholische und die kleine evangelische Ulrichskirche. Eine erstaunliche Zweisamkeit und ein Symbol für den Augsburger Religionsfrieden, der nach dem Dreißigjährigen Krieg die Gleichberechtigung der Konfessionen in der Stadt regelte. Im Andenken daran feiert Augsburg am 8. August das ›Hohe Friedensfest‹, seinen ureigenen Feiertag. Die Friedenstafel wird an diesem Tag allerdings nicht auf dem Ulrichsplatz vor den beiden Kirchen gedeckt, sondern auf dem wesentlich größeren Rathausplatz. In der Basilika St. Ulrich und Afra stehen die Sarkophage mit den Gebeinen der beiden Heiligen und denen des heiligen Simpert. Der Namensgeber Bischof Ulrich ging als der Held der Schlacht auf dem Lechfeld in die Geschichte ein, bei der 955 die Ungarn vertrieben wurden. Erinnerungsstücke an ihn werden in einer eigenen ›Heiltumskammer‹ aufbewahrt. Mich aber beeindruckt vor allem der hohe Kirchenraum aus dem 15. Jahrhundert mit den schönen Netz- und Sterngewölben und dem großartigen Hauptaltar, in dessen Zentrum das Weihnachtsgeschehen steht.

Aber auch für die kleine evangelische Schwesterkirche, die vor einigen Jahren sorgfältig restauriert wurde, sollte man sich Zeit nehmen. Führungen sind allerdings nur über das Pfarramt möglich. Dieses ›Schatzkästlein evangelischer Barockkunst‹, wie die Pfarrei es nennt, war einmal die Vorhalle der Basilika und wurde erst später zur (katholischen) Gemeindekirche. Nach der Reformation bekannte sich die Gemeinde zum evangelischen Glauben, endgültig gesichert war die Konfession aber erst nach dem Westfälischen Frieden. Seither stehen sie in freundlicher Nachbarschaft nebeneinander – die große päpstliche Basilika und die kleine evangelische Kirche.

✍ Eine ähnliche Kirchenkonstellation gibt es in Augsburg noch ein zweites Mal: bei der katholischen und der evangelischen Heilig-Kreuz-Kirche.

HERZ-JESU-KIRCHE /// FRANZ-KOBINGER-STRASSE 2 ///
86157 AUGSBURG-PFERSEE /// 08 21 / 25 27 30 ///
WWW.HERZJESU.COM ///

JUGENDSTIL IN REINKULTUR
Herz-Jesu-Kirche

Ein Baujuwel in der Vorstadt? Obwohl ich Augsburgerin bin, habe ich dieses Gotteshaus auch lange nicht wahrgenommen. Von der Straße aus wirkt der neoromanische Bau mit dem ockerfarbenen Verputz eher unauffällig, wäre da nicht der 72 Meter hohe Turm mit seiner hohen, helmförmigen Haube, der die ganze Umgebung überragt.

Bei genauerem Hinsehen entpuppt sich die Kirche im Augsburger Stadtteil Pfersee allerdings als streng durchkomponierter Baukörper, der genauso lang ist wie der Turm hoch. Und wer die Türe zu der dreischiffigen Basilika mit der halbrunden Apsis öffnet, betritt eine andere Welt. Die 1910 eingeweihte Herz-Jesu-Kirche ist die größte Jugendstilkirche Süddeutschlands und wohl auch eine der schönsten. Der erste Eindruck ist der eines hellen und weiten Raumes, durch den der Blick fast ungestört auf das Wesentliche gelenkt wird, den Hauptaltar mit dem Baldachin aus dem Jahr 1914. Die prachtvolle Ausstattung der Apsis mit viel Gold und einer ikonenhaften Bildsprache in sanften Farben erinnert an byzantinische Kirchen.

Im goldverzierten Halbrund sitzt Christus auf einem Thron, der von zwei Löwen flankiert wird. Mit ausgebreiteten Armen lädt er ›die Mühseligen und Beladenen‹ – so das Spruchband am Rand – ein, zu ihm zu kommen. Über ihm schwebt im goldenen Himmel die Taube, Symbol des Heiligen Geistes, mit ausgebreiteten Flügeln. Eine fast märchenhaft anmutende spirituelle Darstellung, die mich sehr berührt. Durch die farbigen Glasfenster, die im Zweiten Weltkrieg zerstört und schon 1947 wiederhergestellt wurden, strömt Licht in allen Spektralfarben in den Altarraum, zaubert geheimnisvolle Muster auf die weißen Wände und bringt die Farben auf den Bildern zum Leuchten. Harmonisch wie der Kreuzweg und der Taufstein fügen sich die Reliefs und Fresken der Seitenaltäre ins Gesamtbild dieses außergewöhnlichen Gebetsraums.

✎ Ganz in der Nähe der Herz-Jesu-Kirche befindet sich das Pferseer Schlössle, ein Renaissanceschlösschen aus dem 17. Jahrhundert, heute in Privatbesitz.

MAXIMILIANMUSEUM /// FUGGERPLATZ 1 ///
86150 AUGSBURG /// 08 21 / 3 24 41 02 ///
WWW.KUNSTSAMMLUNGEN-MUSEEN.AUGSBURG.DE ///

Maximilian I. war in Augsburg wohlgelitten, das sieht man schon daran, dass er nicht nur für Augsburgs Prachtstraße Pate stand, sondern auch für eines der schönsten Museen der Stadt: das Maximilianmuseum. Schon von außen machen die zwei miteinander verbundenen Patrizierhäuser aus dem 15. Jahrhundert viel her. Drinnen lädt das Museum auf drei Etagen zu einer Zeitreise durch die Augsburger Kunst- und Kulturgeschichte ein. Ob Instrumentenmacher oder Goldschmiede, Bildhauer oder Zünfte – in Dauerausstellungen werden die künstlerischen Höhepunkte einer Stadt inszeniert, die einmal europäische Bedeutung genoss. Das beginnt schon im von einem Glasdach überspannten Viermetzhof. Hier halten die restaurierten Hauptfiguren der Augsburger Prachtbrunnen von Hubert Gerhard und Adriaen de Vries Hof, flankiert vom imposanten Adler, der einst das abgebrochene Siegelhaus schmückte.

Wer danach noch immer an Augsburgs einstiger Bedeutung zweifelt, sollte sich die Holzmodelle des Renaissancebaumeisters Elias Holl anschauen, der nicht nur das Augsburger Rathaus baute, sondern sich auch mit der damals revolutionären Wasserversorgung der Stadt beschäftigte. Oder einen Blick auf die kostbaren Silberreliefs und Tischaufsätze werfen, die den Ruhm der Augsburger Gold- und Silberschmiede begründeten. Immer wieder zur Weihnachtszeit zeigt sich das Museum noch von einer anderen Seite, einer spielerischen. Im Festsaal wird dann historisches Spielzeug präsentiert: Puppen in prächtigen Kleidern – zum Spielen viel zu schade. Geschirr aus Kupfer, Zinn und Messing im Mini-Format, vornehm möblierte Stuben und Puppenhäuser. Weit weg vom Kinderalltag unserer Tage. Kunst zum Mitnehmen gibt's im Museumsshop und im Museumscafé kann man sich nicht nur an frischen Kuchen delektieren, sondern auch am Anblick der Bronzehelden im Viermetzhof.

🖊 Ein kostenloser Audioguide führt auf Deutsch oder Englisch durchs Museum, erläutert die wichtigsten Exponate und bringt die Musikinstrumente zum Klingen.

HOFGARTEN /// ALTE GASSE ///
86152 AUGSBURG /// 08 21 / 7 45 05 30 ///

GARTENIDYLLE MIT BÜCHERSCHRANK
Hofgarten

28

Eigentlich war dieser Bücherschrank einmal Teil eines Kunstprojekts des Künstlerduos Clegg & Guttmann, die mit verschiedenen Formen offener Bibliotheken experimentieren, so auch vor gut zehn Jahren im Augsburger Hofgarten. Als das Projekt zu Ende ging und die Vitrine abgebaut wurde, wollten sich die Augsburger nicht von dieser Leseinsel in ihrem Stadtgarten trennen. Eine Stiftung ermöglichte den neuen Bücherschrank, der inzwischen eine echte Institution ist. Wer will, kann hier nach Herzenslust stöbern und schmökern. Und die Augsburger wollen. Manche bringen auch Bücher von zu Hause, um den Schrank aufzufüllen. Denn viele nehmen ihr halb ausgelesenes Buch einfach mit, um es fertig zu lesen. So erneuert sich das Angebot immer wieder.

Der Hofgarten selbst ist der Lieblingsplatz aller Generationen – alte Leute treffen sich auf den Bänken und Stühlen rund um das große Wasserbecken, in dem Seerosen blühen. Am Brunnen mit der Fontäne vertreiben sich Kinder und Jugendliche die Zeit mit Wasserspielen. Auf den Wiesen lagern Schüler, Studenten und junge Mütter mit Kinderwägen. Zur Mittagszeit kommen Anzugträger dazu, die hier ihre Mittagspause verbringen. Mit den streng geschnittenen Buchsbüschen ist der Hofgarten ein schönes Beispiel eines barocken Gartens. Denn eigentlich gehörte er einst zur Bischöflichen Residenz auf dem nahen Fronhof.

Eine Augenweide ist diese grüne Oase immer: Im Frühling blühen Magnolien und Blauregen, im Sommer duften die Rosen und im Herbst leuchten die fächerförmigen Blätter des schon von Goethe besungenen Ginkgo-Baums sonnengelb. Nur im Winter schließt das schmiedeeiserne Tor die Besucher aus. Dann fällt der Hofgarten in den Winterschlaf, bis ihn die Frühlingssonne wieder weckt. Und wie viele andere Augsburger warte ich voller Sehnsucht darauf, dass sich das Tor wieder öffnet.

    ✍   Sehenswert im Hofgarten sind auch die ›fünf Zwerge‹, barocke Sandsteinskulpturen kleinwüchsiger Menschen aus der Mitte des 18. Jahrhunderts.

DIE MALERIN
Doris Schilffarth

Vom Vater, der als Dozent am damaligen Polytechnikum arbeitete und sich auch als Maler einen Namen machte, hat sie das ›Künstler-Gen‹. Schon als Kind hat Doris Schilffarth, inzwischen Mutter von zwei erwachsenen Töchtern und Großmutter, immer gern gemalt. »Das war mein Leben«, sagt die Künstlerin, die 1950 im Alter von sechs Jahren aus Würzburg nach Augsburg kam. Doch da gab es noch etwas anderes, das sie prägte: Das Ballett, dem sie schon als Siebenjährige verfiel. »Theater oder Malen«, das war dann für die junge Frau die Frage.

Sie entschied sich für die grafische Abteilung der Meisterschule für Mode in München, machte ihren Diplomabschluss mit Auszeichnung und fand eine Stelle in einer Werbeagentur, wo sie für den Bereich ›malerische Technik und figürliche Darstellung‹ zuständig war. An diese anspruchsvollen Modezeichnungen denkt die blonde Künstlerin heute noch gerne zurück. Ihr Mann, Gründer der ›Schwäbischen Neuen Presse‹ und heute Verleger des ›Augsburg Journals‹ gab ihr dann eine neue Plattform als Theaterzeichnerin. »So konnte ich meine beiden Passionen verbinden«, erinnert sich die malende Theaterliebhaberin.

Ihr spontaner Strich, die fast schwebende Anmut der Figuren sind bis heute ihr Markenzeichen. »Da wirkt wohl das Ballettmädchen nach«, sagt die Künstlerin lächelnd. In der Augsburger Kunstszene hat Doris Schilffarth einen guten Namen. Und sie fühlt sich wohl in dieser Stadt, liebt das Theater, freut sich an den ›wunderschönen Bauten‹ und über neue Impulse durch die Universität. Augsburg müsse sich weiterentwickeln, fordert sie. Genauso wie sie sich als Künstlerin immer weiterentwickeln müsse, »dran bleiben, keine Sternschnuppe sein, die schnell verglüht.« Da besteht bei der quirligen Großmutter keine Gefahr. Im Atelier warten schon die nächsten Großformate auf ihre Vollendung.

SCHAEZLERPALAIS – DEUTSCHE BAROCKGALERIE ///
MAXIMILIANSTRASSE 46 /// 86150 AUGSBURG /// 08 21 / 3 24 41 02 ///
WWW.SCHAEZLERPALAIS-AUGSBURG.DE ///

PRACHTSTÜCK EINES BANKIERS
Schaezlerpalais

29

Die Geschichte, dass die 14-jährige Marie Antoinette in diesem wunderschönen Rokoko-Festsaal ihre Schuhe durchgetanzt haben soll, finde ich besonders berührend. Musste die Tochter Maria Theresias doch später als Gattin Ludwigs XVI. von Frankreich ihr Leben unter der Guillotine beenden. Von diesem Schicksal ahnte das junge Mädchen glücklicherweise nichts, als es auf dem Weg nach Versailles in Augsburg Station machte und Ehrengast bei der glanzvollen Eröffnung des Festsaals war.

Dieses Prachtstück gönnte sich der Bankier Benedikt Adam Freiherr von Liebert, Edler von Liebenhofen. Er hatte anstelle des geschichtsträchtigen Patrizierhauses aus dem Spätmittelalter, in dem Kaiser Maximilian I. abstieg und Philippine Welser geboren wurde, ein Rokokopalais errichten lassen. Das Herz des Ganzen war der zweistöckige Festsaal, dessen Deckengemälde dem alles verbindenden Welthandel huldigt – und damit die aktuelle Globalisierung glatt vorwegnimmt.

Bis 1958, als Wolfgang Freiherr von Schaezler das Gebäude der Stadt schenkte – mit der Auflage, es ausschließlich für kulturelle Zwecke zu nutzen – , war das Gebäude im Familienbesitz. Heute beherbergt das aufwendig restaurierte Palais die Deutsche Barockgalerie, die Grafische Sammlung und die Gemäldesammlung des wegen seiner Nazi-Verstrickungen umstrittenen Kunsthändlers Karl Haberstock mit Bildern von Tiepolo, Veronese und van Dyck. Vom Schaezlerpalais kommt man auch in die Katharinenkirche, wo seit 1835 die älteste Filialgalerie der Bayerischen Staatsgemäldesammlungen untergebracht ist – Gemälde der Augsburger und der schwäbischen Schule aus der Zeit des Spätmittelalters und der Frührenaissance. Hier kann man auch Dürers Porträt von Jakob Fugger dem Reichen bewundern und die Bilder von Hans Holbein dem Älteren.

✿ Der wieder im Rokoko-Stil gestaltete Garten des Palais ist für jedermann zugänglich – eine grüne Oase mitten in der Stadt.

LETTL-MUSEUM FÜR SURREALE KUNST /// STETTENSTRASSE 1 + 3 ///
86150 AUGSBURG /// 08 21 / 55 16 42 /// WWW.LETTL.DE ///

TOR ZU MAGISCHEN WELTEN
Lettl-Atrium

30

Draußen steht ein verschlossenes Tor, dahinter ist: nichts. Ein Motiv, das drinnen im Lettl-Atrium öfter wiederkehrt. Vielleicht geht die Vorliebe für Türen, die Wolfgang Lettl hier offenbart, auf einen Kindheitstraum zurück, den er freimütig preisgibt. So wie dieser 2008 im Alter von 89 Jahren verstorbene surrealistische Maler vieles von sich offenbart – auf seinen Bildern und in seinen Geschichten. Von drei Türen hat er als Kind geträumt. Es war ein Albtraum – denn wo war die richtige?

Mit seiner Malerei öffnet der in Augsburg geborene Künstler, der seinen Zweitwohnsitz in Apulien hatte, dem Betrachter das Tor zu magischen Welten, womöglich auch zum Unbewussten. An Mythen und Märchen erinnern viele der Bilder, manche albtraumartig, andere durchaus mit Ironie gemalt wie das Selbstporträt mit Vogelschnabel oder der Löwe im Käfig, vor dem paarweise Schuhe aufgereiht sind. Lettl verleiht Büchern Flügel, lässt Stühle schweben und Menschen kopfstehen. Auf einem der heiteren Bilder purzeln Eselchen aus einem Turm, an dem drei der Lettl-typischen Schemen-Männer lehnen. Mal malt er ganz naturalistisch, dann fügt er wieder Dinge zusammen, die unerhört sind. Lettl spielt mit den Ängsten, wenn er Treppen malt, die ins Leere führen, oder Menschen mit Vogel- und Fischköpfen. Und er übt Kritik an der Verkehrtheit dieser Welt, der seiner Meinung nach nur der Surrealismus angemessen ist. Ein Besuch im Lettl-Atrium wird so auch zur Auseinandersetzung mit der Gegenwart und dem eigenen Leben. Wer sich in die Bilder vertieft, wird dazu angeregt, nachzudenken über sich und die Welt. Wie schön, dass sich diese surreale Bilderfülle im Untergeschoss der Industrie- und Handelskammer auftut. Es ist eine Einladung zur Begegnung mit einer rätselhaften Welt.

✐ Jeden ersten Sonntag im Monat kann man sich Lettls rätselhafte Bilder bei einer Führung erklären lassen.

BRECHTHAU

BRECHTHAUS /// AUF DEM RAIN 7 /// 86150 AUGSBURG ///
08 21 / 3 24 27 79 /// WWW.AUGSBURG.DE ///

EIN HEIM FÜR DEN GROSSEN SOHN
Brechthaus

31

Wenn der krumme rote Brecht nicht vor dem Haus im Lechviertel stünde, käme niemand auf die Idee, dass sich hinter den unscheinbaren Mauern ein Museum verbirgt. Doch hier, im Haus Auf dem Rain 7, wurde Eugen Berthold Friedrich Brecht am 10. Februar 1898 geboren und hier hat die Stadt Augsburg ihrem großen Sohn eine Gedenkstätte eingerichtet, obwohl er in den Nachkriegsjahren eher ungeliebt war.

Bilder, Texte, Dokumente und Kunstwerke vermitteln einen Eindruck vom Leben, Denken und Arbeiten des Dichters: Kindheit und Jugend, Studentenleben, die ersten Schritte als Schriftsteller, Erfolg und Exil und schließlich die Theaterarbeit nach der Rückkehr nach Europa. Und immer wieder kommt der Dichter selbst zu Wort. Zu sehen sind Erstausgaben seiner Werke, ein Bühnenbild von 1949 und immer wieder Brecht, so wie ihn andere sahen. Maler, Bildhauer, Freunde. Dem privaten Leben des Dichters ist ein Raum im Obergeschoss gewidmet. Ein paar Schlafzimmermöbel – Bett, Schrank, Kommode, Stühle – stammen von der Mutter. An den Wänden Kinderfotos, in einer Vitrine Briefe und Erinnerungsstücke, auch Schmuckstücke, die Brecht seinen jeweiligen Partnerinnen geschenkt hat.

Von Treue hielt Brecht nicht viel. Das musste schon seine erste Liebe Paula Banholzer, die Bi, erfahren. Schautafeln, Fotos und Liebesbriefe zeigen den Dichter, der gerne im langen schwarzen Ledermantel posierte, als Mann, der die Frauen liebte und am liebsten auch dominierte. Was die wohl an ihm fanden, dass sie sich reihenweise in seinen Dienst stellten? Schön im landläufigen Sinn war Brecht nicht. Es muss wohl sein Charme gewesen sein, seine männliche Präsenz, seine Dichtkunst. Mit seinen unverschämt schönen Liebesgedichten hätte er mich wahrscheinlich auch rumgekriegt ...

🍴 Brechts Bistro gleich gegenüber. Kleine Kneipe mit viel Flair und kulturellen Veranstaltungen: www.papiermanufaktur-wengenmayr.de

BRECHTIGE EINSICHTEN
Etwas mehr zu Brecht

Der Schriftsteller Ingo Schulze hat 2013 den Brecht-Preis in Empfang nehmen dürfen. Seit 1995 wird dieser Preis in Erinnerung an den großen Sohn der Stadt alle drei Jahre verliehen. Erster Preisträger war Franz Xaver Kroetz, es folgten Robert Gernhardt, Urs Widmer, Christoph Ransmayr, Dea Loher und Albert Ostermaier. Literarische Schwergewichte allesamt. Erstaunlich dabei ist nur, dass der erste Preis fast 50 Jahre nach Brechts Tod verliehen wurde. So lang brauchte die Vaterstadt, um den lange Zeit ungeliebten – weil störrischen – Sohn zu würdigen.

Weitere elf Jahre wartete man, bis eine SPD-geführte Stadtregierung mit einer grünen Kulturreferentin das bundesweit beachtete abc-Festival (Augsburg Brecht Connected) ins Leben rief und damit Brecht zurück in die Stadtkultur holte. Inzwischen wurde das von Brecht-Preisträger Albert Ostermaier verantwortete und hoch ambitionierte abc-Festival abgelöst. Die neue konservative Stadtregierung wollte es populärer: 2010 fand das erste Brecht Festival statt, im kalten Februar zu Brechts Geburtstag. Auch dieses Festival ist mit dem Ziel angetreten, Bert Brecht, der bis heute als kommunistischer Staatsdichter geschmäht wird, zu rehabilitieren. Antifaschistisch und gesellschaftskritisch war er wohl, dieser Bert Brecht. Aber alles andere als ein knöcherner Ideologe. Feste Weltbilder waren ihm Zeit seines Lebens ein Gräuel.

Schon der junge Gymnasiast wetterte gegen Klassendünkel und Patriotismus. Dabei hatte der in eine gutbürgerliche Familie hineingeborene Rebell ein schier unerschütterliches Selbstbewusstsein. Schon früh schrieb er kleine Dramen für die Schülerzeitung ›Ernte‹, die er als Chefredakteur fast gänzlich mit eigenen Werken bestückte. Später kamen Gedichte hinzu, Geschichten, Dramen – und der Baal, ein wüstes Stück über einen anarchistischen Herumtreiber und Dichter, dessen Vorbild er in Augsburg gefunden hatte. Wie Baal gefiel sich der junge Brecht als Bürgerschreck. Und bis zu seinem Tod pflegte er einen eher rüden Umgang mit den ihn liebenden Frauen, die er nur allzu gerne für seine Zwecke einsetzte und auch rücksichtslos ausnutzte.

Seine Herkunft konnte der Dramatiker und Dichter, der das Dritte Reich im Exil überstand, sein Leben lang nicht verleugnen: Sein Augsburger Dialekt war unverkennbar. Doch die Vaterstadt, die ihm viele Motive* für seine späteren Arbeiten bescherte, den treuen Freundeskreis und auch die ersten Liebeserlebnisse, mochte den als kommunistischen Schmierfink verschrienen Sohn lange nicht in die Arme schließen. In den Schulen blieb Brecht jahrzehntelang außen vor, und das Gymnasium an der blauen Kappe, in das er mit seinen Freunden ging, heißt bis heute Peutinger-Gymnasium – nach dem Humanisten und Stadtschreiber, der 1465 in Augsburg geboren wurde.

Umso inniger blüht inzwischen die Brecht-Verehrung. Ganz so, als wolle man durch Überschwang das Versäumte wiedergutmachen: Brechthaus, Brechtstraße, Brechtbühne – brechtige Aussichten für Augsburg. Und im Peutinger-Gymnasium gibt es seit zwei Jahren eine Brecht-Bibliothek – einen Schrank, in dem der Brecht-begeisterte und inzwischen verstorbene Lehrer Erich Maiberger alles gesammelt hat, was er über sein damals noch verkanntes Idol fand.

* Plärrerlied

Der Frühling sprang durch den Reifen
Des Himmels auf grünen Plan
Da kam mit Orgeln und Pfeifen
Der Plärrer bunt heran.

Dort hab ich ein Kind gesehen
Das hat ein goldenes Haar
Und ihre Augen stehen
Ihr einfach wunderbar.

Mozarthaus

MOZARTHAUS /// FRAUENTORSTRASSE 30 ///
86152 AUGSBURG /// 08 21 / 5 02 07 35 ///
WWW.KUNSTSAMMLUNGEN-MUSEEN.AUGSBURG.DE ///

WO MOZART MIT DEM BÄSLE TURTELTE
Mozarthaus

32

Dass Augsburg die einzige deutsche Mozartstadt ist, wissen die wenigsten. Und auch das rostrote Mozarthaus in der Augsburger Frauentorstraße ist außerhalb der Stadtmauern nicht allzu bekannt. Doch wer wissen will, wo die musikalischen Wurzeln des weltberühmten Wolfgang Amadeus Mozart liegen, für den ist dieses kleine Museum ein Muss. Hier, in dem Handwerkerhaus aus dem 17. Jahrhundert, wurde Leopold Mozart 1719 geboren, der Vater des berühmten Wolfgang Amadé. Und Leopold, selbst Hofkomponist und Kapellmeister, entdeckte früh schon das Talent des Sohnes, forderte und förderte ihn – bis zu dessen Hochzeit mit Constanze Weber, die der Vater missbilligte.

Seit 1937 nutzt die Stadt Leopolds Geburtshaus als Gedenkstätte zur Geschichte der Familie Mozart. Allerdings wurde es in all den Jahren immer wieder umgebaut und den Erfordernissen der Zeit angepasst – das letzte Mal im Jahr 2006. Seither kann man in dem Haus multimedial dem Alltag der Mozarts in Augsburg nachspüren, kann hineinhören in die Musik des Wunderkindes Wolferl und den Hammerflügel von Johann Andreas Stein bewundern, auf dem sowohl Vater Leopold als auch später Wolfgang Amadeus spielten. Man kann Stiche, Handschriften und Bilder betrachten, Kurzfilme und Guckkästen und sich vorstellen, wie der junge Musikus, der immerhin fünf Mal in der Stadt seines Vaters weilte, hier seine Cousine Anna Thekla Mozart anschwärmte. Die deftigen ›Bäsle-Briefe‹, in denen der hoffnungsvolle Mozartspross kein Blatt vor den Mund nahm, sind bis heute eine pikante Lektüre. Vielleicht haben das Wolferl und das Bäsle in dem romantischen Garten hinter dem Haus die ersten süßen Küsse ausgetauscht. Wer weiß? Bei Abendveranstaltungen wie Konzerten oder Lesungen ist die kleine grüne Oase mit dem malerischen Springbrunnen beleuchtet – eine nächtliche Idylle.

✧ Mozarts Musik ist bei Konzerten im Rahmen der Mozartfeste auch im Kleinen Goldenen Saal in der Jesuitengasse zu hören, dem spätbarocken Festsaal der ehemaligen Augsburger Jesuitenkongregation.

Kürzlich war ich wieder da, zum Tag der Offenen Tür, mit dem die Staats- und Stadtbibliothek (Stabi) ihren 475. Geburtstag feierte. Und mit all den anderen Besuchern habe ich gestaunt, welche Schätze dieser ›Speicher des Wissens‹ birgt. Die wertvollsten Bücher stammen aus den Anfangsjahren der Bibliothek – aus den nach der Reformation aufgelösten Klöstern, und sie sind wahrscheinlich mit Geld gar nicht zu bezahlen. Mit 3.600 Handschriftenbänden, darunter 1.000 mittelalterlichen, 2.800 Inkunabeln und 100.000 Drucken aus der Zeit vor 1800 ist der Bestand der Augsburger Stabi einer der wichtigsten in ganz Deutschland. Hinzu kommen noch die regionalen ›Augustana‹, die Sammlung aller in der Verlagsstadt Augsburg erschienenen Zeitungen und Schriften zu Bert Brecht, die möglichst vollständig gesammelt werden – bisher über 3.000 Bände Primär- und Sekundärliteratur.

Doch der Staats- und Stadtbibliothek in dem denkmalgeschützten Gebäude mit dem imposanten Treppenhaus fehlt schon lange das Geld, um ihre Bestände zu sichern. Die immer klamme Stadtregierung sah vor drei Jahren keinen anderen Ausweg als die Zerschlagung der Bibliothek. Und auch hier setzten sich die Augsburger zur Wehr und gründeten die Aktion ›Rettet die Stabi‹. Sie konnten freilich nicht verhindern, dass die Bibliothek mit ihren einmaligen Beständen vom Freistaat Bayern übernommen wurde. Jetzt hoffen alle darauf, dass die Staatsregierung ihr Versprechen einlöst, sich finanziell zu engagieren. Dringend notwendige Sanierungs- und Modernisierungsmaßnahmen stehen an.

Ich hoffe nur, dass die Benutzung der Bibliothek weiterhin kostenlos bleibt. Im Lesesaal, in dem meist fast ehrfürchtige Stille herrscht, ist man ganz weit weg vom Getriebe der Stadt und kann auf Zeitreise gehen in das Jahrhundert, in der die Augsburger ihre Staats- und Stadtbibliothek bekamen.

✍   Der schönste unter den Prachtbänden wird dem großen Buchbinder Jakob Krause zugeschrieben, der 1561 in Augsburg seine Meisterprüfung ablegte (nur mit Führung zugänglich).

DER BUCHHÄNDLER
Kurt Idrizovic

Er kommt mit dem Rad, obwohl es draußen eisig kalt ist. Kurt Idrizovic hat noch kurz im Wasserturm an der Kahnfahrt (Seite 113), den er von der Stadt gepachtet hat, nach dem Rechten geschaut. »Ich habe keinen Führerschein und kein Auto«, sagt er, »aber der Turm macht mich glücklich.« Schon als kleiner Bub, erzählt der Buchhändler mit dem dicken Schnauzbart, habe er sich in den Turm verguckt, und sich immer gefragt, was da wohl drin sein könnte. Jetzt ist er Herr des Turms, der früher einmal die Fuggerei mit Wasser versorgte, hat ihn renoviert und wieder begehbar gemacht.

Manchmal macht er dort Veranstaltungen – auch zu Bert Brecht, seinem anderen Hobby. Kurt Idrizovic – verheiratet, zwei erwachsene Kinder – ist nicht nur Buchhändler, er ist vor allem Lokalpatriot. Geboren wurde er 1952 in Lechhausen als Sohn eines Montenegriners und einer Augsburgerin. Die kleinbürgerliche Kindheit in der Vorstadt hat ihn geprägt. Kaufmann hat er nach der Hauptschule gelernt. »Und dann kam Willy Brandt und mit ihm das BAföG.« Der junge Augsburger holte im Bayernkolleg sein Abitur nach und studierte ein paar Semester Literaturwissenschaft und Politik in München. 1984 übernahm er die Büchergilde samt Buchladen. Inzwischen ist die kleine Buchhandlung am Obstmarkt zum Treffpunkt der Buch- und Brechtfreunde geworden und ihr Besitzer eine Augsburger Institution. Die von ihm initiierte Reihe ›Literatur im Biergarten‹ gibt es seit einem Vierteljahrhundert und sie kommt immer noch so frisch daher wie am Anfang. »Die Augsburger«, sinniert Idrizovic, »brauchen lang, bis sie etwas akzeptieren. Aber dann wollen sie es nicht mehr hergeben.« So ist es auch mit der neuen Stadtbücherei, für die er sich vehement eingesetzt hat. Was er sich für seine Stadt wünscht? »Lebenswert« soll sie sein, sagt er. »Mehr Miteinander« wäre ihm wichtig, damit niemand sich »allein gelassen« fühlt. Kurt Idrizovic tut dafür, was er kann.

NEUE STADTBÜCHEREI

**NEUE STADTBÜCHEREI AUGSBURG /// ERNST-REUTER-PLATZ 1 ///
86150 AUGSBURG /// 08 21 / 3 24 27 52 ///
WWW.STADTBUECHEREI.AUGSBURG.DE ///**

LESEINSEL MIT LICHTBLICKEN
Neue Stadtbücherei

Ich weiß noch genau, wie der Platz ausgesehen hat, bevor dieses fröhlich bunte ›Haus des Lesens‹, dessen Fassade Buchseiten nachempfunden ist, hier landete: öde und gesichtslos. Ein Schandfleck. Welch ein Kontrast! Jetzt leuchtet hier nicht nur die neue Stadtbücherei, die sich die Augsburger in einem zähen Ringen und mittels Bürgerbegehren erkämpft haben. Auch der – zugegebenermaßen kleiner gewordene – Platz drumrum hat sich wieder mit Leben gefüllt. Schon bei den ersten warmen Sonnenstrahlen stellt das Literaturcafé im Erdgeschoss Tische und Stühle nach draußen. Da sitzen dann Studenten und Schüler, Hausfrauen und Anwälte, Lesende und Redende bei einer Latte oder einem Glas Bier, essen Kuchen oder Tramezzini und lassen es sich wohl sein.

Drinnen kann man auf großzügigen 4.000 Quadratmetern ganz ungestört Zeitung lesen, sich Bücher aussuchen oder auch am PC arbeiten. Von der klassischen Lektüre bis zum Videospiel gibt es hier alles, was das Herz begehrt, auch einen Spieletisch für die Allerkleinsten und ein Kinder-WC samt Wickelraum. Mütter bringen ihre Kinder mit, auch die Jugendlichen finden sich in dieser Bürger-Bücherei wieder, wo nicht nur Fantasy- und Science-Fiction auf sie warten, sondern auch eine Chill-out-Ecke und coole Lesesäcke. Alles ist ganz offen in dieser Leseinsel und durch die Farbgebung in orange selbst an trüben Tagen voller Lichtblicke. Das liegt auch an dem einzigartigen Beleuchtungskonzept, das über Hunderte von Spiegeln noch das geringste Tageslicht ins Innere lenkt und über Prismenstäbe Regenbogenfarben auf die weißen Flächen zaubert. Durch die Rundum-Verglasung und den orangefarbenen Bodenbelag, der sein Pendant in dem rötlich eingefärbten Asphalt auf dem Platz findet, öffnet sich das Drinnen nach draußen. Der Schandfleck wurde zum Farbfleck. Wie schön!

✐   Einfach mal eine Pause einlegen beim Stadtbummel, in Zeitungen blättern. Die neue Stadtbücherei ist ein offenes Haus.

THEATER AUGSBURG /// KASERNSTRASSE 4 – 6 /// 86152 AUGSBURG ///

Natürlich braucht eine Stadt wie Augsburg, die sich auch als Universitätsstadt definiert, ein großes Theater, ein Theater, das für Schauspiel und Oper ebenso gerüstet ist wie für Ballett. Auch in Zeiten klammer Kassen sollte das eine Selbstverständlichkeit sein. Das Augsburger Stadttheater erfüllt all diese Voraussetzungen und es überrascht immer wieder mit ambitionierten Produktionen.

Tradition verpflichtet. Schließlich wird in Augsburg schon seit Mitte des 17. Jahrhunderts Theater gespielt. Und schon lange vorher bespielte die ›Augsburger Meistersinger Gesellschaft‹ Kirchen und Zunfthäuser. Der Meistersinger-Stadel am Lauterlech aus dem Jahr 1665 war denn auch der Vorgänger des ›Städtischen Schauspielhauses‹. 1787 wurde Mozarts Don Giovanni hier aufgeführt. 100 Jahre später leistete sich die Stadt im Zentrum ein neues, repräsentatives Haus im Stil der Neorenaissance mit viel Dekor. Davon blieb ebenso wenig übrig wie vom Umbau im Dritten Reich, den Adolf Hitler angeblich mit privatem Geld finanzierte. Im Zweiten Weltkrieg wurde auch das Theater durch Bomben weitgehend zerstört.

In den 50er-Jahren erstand es neu, nicht ganz so pompös, aber immer noch mit einer Säulenfassade und den charakteristischen Rundbögen. Doch nun, nach 60 Jahren, ist die Bausubstanz marode, der Betrieb längst defizitär. Da befindet sich das Augsburger Stadttheater in bester Gesellschaft. Landauf, landab muss die Hochkultur mit Steuergeldern subventioniert werden. Können wir uns das noch leisten? Es wäre ein Trauerspiel, wenn es nicht so wäre. In Augsburg tut die Intendanz alles, damit das Theater in der Stadtmitte auch in der Mitte der Bürger ankommt. Der Spielplan ist abwechslungsreich, durchaus mit Mut zu Experimenten, doch auch der ›Fun-Faktor‹ kommt nicht zu kurz und zur Weihnachtszeit steht immer ein Weihnachtsmärchen auf dem Programm. Auch untertags öffnet sich der ›Musentempel‹: Es gibt Lesungen im Foyer, Matinées und Gespräche mit den Schauspielern.

Und seit geraumer Zeit steht in unmittelbarer Nähe auch der lang ersehnte Ausweichbau fürs Schauspiel, die Brechtbühne, benannt nach dem großen Sohn der Stadt, dessen Stücke hier auch gerne gespielt werden. Es ist ein minimalistischer Bau, der aber durch die roten Aluminiumelemente an der Fassade, die wie ein Theatervorhang wirken, stark aufgewertet wird. Rot sind auch die Sessel für die Zuschauer, die in der Pause allerdings ohne den Luxus eines Foyers auskommen müssen. Platz zum Flanieren gibt's in dem eher spartanischen Behelfsbau nicht. Im Großen Haus ist das anders. Ein breiter Gang, der von oben einsehbar ist, lädt zum Schaulaufen ein. Vor allem beim alljährlichen Opernball, einem Highlight im Augsburger Kulturkalender, führen die Besucherinnen hier gerne ihre Roben vor. So wie es vielleicht früher einmal war, damals, als Wolfgang Amadeus Mozart gastierte.

Auch als ich meine ersten Theaterbesuche absolvierte, zog man sich noch ›fürs Theater schön an‹, das gehörte zur Vorfreude dazu. So ein Abend war etwas Besonderes, eine kleine Flucht aus dem Alltag in eine andere Welt, die Welt des schönen Scheins. In den Pausen wurde dann das Foyer zur Bühne für die Zuschauer. Heute ist das Theater im Alltag angekommen, man kann auch in Jeans kommen gleich nach der Arbeit. Entsprechend bunt gemischt ist das Publikum im Augsburger Stadttheater. Was dem Kulturgenuss keinen Abbruch tut. Sobald das Licht im Zuschauerraum erlischt und der Vorhang aufgeht, wirkt der alte (Theater)Zauber.

✍ Der Hoffmann-Keller, ein Gewölbekeller aus dem 18. Jahrhundert, direkt unter dem Intendanzgebäude, ist die Experimentierbühne des Stadttheaters.

DER THEATERMACHER
Sebastian Seidel

Dass der gebürtige Ulmer Sebastian Seidel in Augsburg gelandet ist, hat er seiner Promotion zu verdanken. Die konnte er in den USA nicht abschließen und kam deshalb auf Augsburg zurück, wo er sein Studium begonnen hatte. Dem Doktor der Literaturwissenschaft ist mit zu verdanken, dass Augsburg eine pulsierende freie Theaterszene hat. Als Student hatte er schon das Germanistentheater geleitet, im Jahr 2000 eröffnete er dann mit dem S'Ensemble Theater seine eigene Spielstätte. 2002 bekam der ambitionierte Theaterleiter und Autor den Kunstförderpreis der Stadt.

Nicht nur deswegen ist er in Augsburg geblieben. Der Vater von zwei Kindern sah »keinen Grund mehr wegzugehen«. So wie viele Studenten und junge Künstler, die nach der Uni oder einem Gastspiel in Augsburg bleiben. Für Seidel bietet Augsburg »die Chance, etwas zu bewegen«, auch weil die Stadt um ihre Identität ringt. Aber vor allem weil Augsburg eine reichhaltige Geschichte hat, aus der er als ›Theatermensch‹ schöpfen kann. »Brecht, Fugger, Diesel, Mozart« zählt er auf, »Ur-Kapitalismus, Reformation, Religionsfrieden«. Schier unerschöpflich scheinen die Themen. Auch Augsburgs Textilgeschichte fließt demnächst in ein Seidel-Stück ein. Und seine Stücke sind immer erfolgreicher. ›Hamlet for you‹ etwa hat es bis nach New York geschafft.

In dem Einpersonenstück ›Jakob Fugger Consulting‹ hält der 500 Jahre alte Jakob Fugger der Reiche der Stadt den Spiegel vor. Einen »Relaunch« fordert er gar und mäkelt darüber, dass Augsburg keine aufregende moderne Architektur wagt, »nichts, was Jahrhunderte Bestand hat«. Damit spricht er seinem Schöpfer aus der Seele. So inspirierend Sebastian Seidel die Geschichte der Stadt findet, so munter die Szene für ihn ist, so sehr bedauert er den mangelnden Mut zu spektakulären Neubauten. »Da bewegt sich nichts«, sagt er, will aber die Hoffnung nicht aufgeben, dass Augsburg auch da noch den Sprung in die Zukunft schafft.

FREILICHTBÜHNE /// AM ROTEN TOR 1 /// 86150 AUGSBURG ///
08 21 / 3 24 49 00 UND 08 21 / 3 24 19 84 (WETTERTELEFON) ///
WWW.THEATER-AUGSBURG.DE ///

WETTERFÜHLIGE SPIELSTÄTTE
Freilichtbühne

Ausgerechnet ein Münchner hatte die Idee für ein Augsburger Amphitheater am Roten Tor. Der Direktor der Münchner Kammerspiele Otto Falckenberg brachte die Augsburger dazu, den Wallgraben der ehemaligen Wehranlage zu einer Freilichtbühne umzubauen. Das war im Jahr 1929. Seither sind viele Aufführungen über diese Sommerbühne gegangen, im Dritten Reich auch sogenannte Weihespiele. Zu den ›reichswichtigen Spielen‹ kamen namhafte Gäste aus dem In- und Ausland. 1936 dirigierte Richard Strauss die Elektra.

Nach dem Krieg blieb die Freilichtbühne dem Musiktheater treu, öffnete sich aber auch für Konzerte. Jetzt liegt die Augsburger Sommerbühne im Winterschlaf. Die Kulissen sind eingemottet wie jeden Winter. Und doch ist es diesmal anders als in den Jahren zuvor. Die Freilichtbühne, eine der schönsten und größten Deutschlands, droht in einen Dornröschenschlaf zu verfallen. Grund sind Beschwerden der Anwohner, die sich über die ungewollte nächtliche Beschallung beklagen. Ein Konzertmanager will wegen der Lärmschutzauflagen schon aufs Umland ausweichen. Wenn Haindling oder Hubert von Goisern nicht mehr vor dem Hintergrund der Roten-Tor-Wallanlagen auftreten würden, hätte Augsburg wieder mal das Nachsehen.

Wenigstens hat das Theater, das die Freilichtbühne von Mitte Juni bis Ende Juli mit Opern und Musical bespielt, keine Probleme mit der lärmempfindlichen Nachbarschaft, zumindest seit es bei den Freiluftaufführungen auf Feuerwerke und Böllerschüsse weitgehend verzichtet. So manche Inszenierung ging dafür im Dauerregen baden. Doch eine Überdachung dieser malerischen Anlage kann ich mir nicht vorstellen. Lieber packe ich zu Kissen und Decke den Regenschirm ein und hoffe darauf, dass Petrus ein Einsehen hat und wenigstens bis Ende der Vorstellung die Himmelsschleusen dichtmacht.

🜚 Wenn auf der Freilichtbühne gespielt wird, weisen die Straßenbahnen der Linien 2 und 13 mit Flaggen darauf hin. Die Rote-Tor-Wallstraße ist dann für den Verkehr gesperrt.

Das Museum im ehemaligen Heilig-Geist-Spital ist klein – gerade mal 650 Quadratmeter groß –, aber es konserviert für viele das Paradies ihrer Kindheit. Auch für mich. Vor langer Zeit zog ich in meinen Schulferien in der Puppenkiste die Fäden. In der Inszenierung von ›Der Wolf und die sieben Geißlein‹ durfte ich eines der Geißlein führen. Da war Fingerfertigkeit gefragt und ich platzte fast vor Stolz, dass ich unter all den Profis bestehen konnte.

Eine Puppenspielerin bin ich dennoch nicht geworden. Es blieb bei dieser Episode. Aber die Stars an Fäden sind mir seit damals noch mehr ans Herz gewachsen. Und meine Söhne liebten die Marionetten genauso sehr wie ich. Ein Phänomen, das nicht nur auf Augsburg beschränkt ist. Generationen von Kindern wuchsen mit den Stars der Augsburger Puppenkiste auf, die der Hessische Rundfunk zu Fernsehhelden gemacht hat. Für sie ist Augsburg zuallererst die Heimat der Puppenkiste. Und wenn sie als Erwachsene nach Augsburg kommen, gehört ein Besuch in der Kiste einfach dazu.

Von einem Jungbrunnen schwärmen Besucher im Gästebuch und von der Reise zu den ›Helden ihrer Kindheit‹. Seit 2001 haben Urmel und Jim Knopf, der kleine König Kalle Wirsch und Kater Mikesch in diesem Museum ihr Zuhause gefunden, kann man mühelos von Lummerland bis zur Insel Titiwu reisen und über den Rubinberg bis zum anderen Stern. Hier, wo Holzköpfe so tun, als wären sie Menschen, wo eine Folie sich als Meereswogen gebärdet und die ganze Welt in eine Kiste passt, sind der Fantasie keine Grenzen gesetzt. Und ganz offensichtlich wirkt die Magie der Figuren auch noch bei den von Computeranimationen verwöhnten Kindern unserer Tage. Begeistert entdecken sie winzige Details und versteckte Figuren in den liebevoll gestalteten Szenerien, während im Kino die Fernsehhelden von anno dazumal fröhliche Auferstehung feiern.

✍ Wie wär's mit einer Patenschaft für Kater Mikesch? Die Kiste bietet einjährige Patenschaften für ihre Stars an – selbstverständlich mit Urkunde.

DER PUPPENSPIELER
Klaus Marschall

Er ist unter Puppen aufgewachsen und kann sich sein Leben ohne Marionetten nicht vorstellen: Klaus Marschall, 1961 geboren, ist Puppenspieler in der dritten Generation, und zwei seiner erwachsenen Kinder arbeiten inzwischen auch schon mit. Der Mann mit dem grauen Bart wurde schon im zarten Alter von zwölf Jahren mit dem Puppenspieler-Virus infiziert. Damals hat er im Keller das alte Theater seines Opas Walter Oehmichen, des Begründers der Augsburger Puppenkiste, entdeckt und begonnen, selbst Figuren zu bauen.

Und bis heute gibt es für ihn nichts Schöneres als die Puppen tanzen und sich von Märchen verzaubern zu lassen. Dennoch ist der Theaterleiter alles andere als ein Traumtänzer. Dass die Stars der Augsburger Puppenkiste als TV-Helden abgedankt haben, findet er ebenso schade wie verständlich. Zu teuer sei für die Fernsehanstalten wohl die Produktion mit den Puppen, zu wenig wertvoll sei ihnen das Kinderprogramm. Auf der anderen Seite wolle man sich auch nicht dazu hergeben, auf Kosten der Qualität »Serien zu produzieren, die massenhaft Sendezeiten füllen.« Zeitgemäß jedoch blieben die Puppen trotz aller anders gearteten Meinungen, ist Marschall überzeugt: »Wir regen die Fantasie an, gaukeln den Menschen vor, dass unsere Holzköpfe leben.«

Dass selbst in Augsburg das Puppentheater unterschätzt wird, grämt den Puppenspieler am meisten. Die Puppenkiste sei schließlich ein Aushängeschild der Stadt und die meisten Besucher wüssten mehr über die Stars an Fäden als über Augsburg als Mozart- oder Friedensstadt. Mit etwas mehr Anerkennung und Unterstützung könnten er und seine Puppen viel erreichen, ist Marschall überzeugt. An Visionen fehlt es ihm nicht: Mehr Migranten möchte er in die Puppenkiste holen und vielleicht irgendwann einmal wieder einen Spielfilm mit den Marionetten drehen. Am allerliebsten aber würde er das Heilig-Geist-Spital zu einem international gefragten Puppentheater-Zentrum machen.

KULTURHAUS ABRAXAS /// SOMMESTRASSE 30 ///
86156 AUGSBURG-PFERSEE /// 08 21 / 3 24 63 55 ///
WWW.ABRAXAS.AUGSBURG.DE ///

HAUS DER VIELFALT
Kulturhaus abraxas

38

Ob Poetry-Slam, Diavortrag, Konzert, Kunstausstellung oder Theater: Das Kulturhaus abraxas bietet das ganze Jahr über ein vielfältiges Programm. Es hat Räume für Theater und Ballett, aber auch für private Feste oder Workshops und eine große Ausstellungshalle. Auch wir haben hier schon feste gefeiert und konnten dabei sicher sein, keine Nachbarn zu stören. Kreativität, nicht Perfektion ist das Motto im ganzen Haus, in dem unter anderen die Musikwerkstatt und das Junge Theater Augsburg ihre Bühne haben. Mit dem Kulturlabor lab30, einer einzigartigen Plattform für experimentelle Projekte, bietet das abraxas auch digitaler Kunst und futuristischen Performances eine Heimat.

Die Wehrmachtsoffiziere, die sich im Dritten Reich hier im Casino trafen, hätten sich wohl nicht träumen lassen, was aus ihren Räumen einmal werden würde. In den Nachkriegsjahren, als das ganze Gelände zur Reese-Kaserne gehörte, dienten sie als ›family recreation center‹ und sollten dabei helfen, den amerikanischen Soldaten und ihren Familien die Freizeit zu versüßen. Schon damals wurde aus dem früheren Tanzsaal ein Theater, das bis heute erhalten blieb.

Als die Amerikaner abzogen, erwarb die Stadt das Haus, um es der freien Augsburger Kulturszene zur Verfügung zu stellen. Seit 1995 ist das abraxas eine gute Adresse für alles, was nach alternativer Kultur aussieht. Im Garten steht das Märchenzelt, wo Matthias Fischer am flackernden Lagerfeuer nicht nur begeisterten Kindern, sondern auch verzauberten Erwachsenen aus jenen Zeiten erzählt, in denen das Wünschen noch geholfen hat. In der abraxas-Kneipe ›Der Rabe‹ kann man sich vor dem Theater-, Konzert- oder Tanzabend noch stärken oder auch den ganzen Abend bei schwäbischem Essen verplaudern. Und im Sommer treffen sich Künstler, Zuschauer und ganz normale Augsburger im lauschigen Biergarten.

✿   Der Musikclub ›Kantine‹, ebenfalls auf dem Reese-Gelände, ist Kneipe, Indiedisko und Liveclub in einem. Es gibt Konzerte, Nachwuchswettbewerbe und mehr: www.musikkantine.de

AUGSBURGER KAHNFAHRT /// RIEDLER STRASSE 11 ///
86152 AUGSBURG /// 08 21 / 3 55 16 ///
WWW.AUGSBURGER-KAHNFAHRT.DE ///

WO DER JUNGE BRECHT SCHMUSTE
Kahnfahrt

39

Eines der romantischsten Plätzchen in Augsburg ist für mich die Kahnfahrt am Oblatterwall. Hier, wo schon der junge Brecht mit seinen Mädchen geschmust hat, wo er mit seiner Freundesclique herumhing und auch manchmal ein Boot über das spiegelglatte Wasser ruderte, stimmt das Klischee von der Zeit, die stehen geblieben zu sein scheint. Ich habe das Gefühl, dass sich in den Jahren seither kaum etwas verändert hat. Malerisch liegen die Boote im Wasser vor dem kleinen Biergarten. Vor allem an lauen Frühlingsabenden treffen sich heute wie damals Liebespaare unter den blühenden Kastanien, und auf dem Wasser wird so mancher erste Kuss ausgetauscht. Nicht jeder bringt es allerdings zu literarischen Ehren wie der, den Bert Brecht einer Jugendfreundin gab und der ihn zu dem melancholischen Gedicht ›Erinnerung an die Marie A.‹ inspirierte:

›An jenem Tag im blauen Mond September / Still unter einem jungen Pflaumenbaum / Da hielt ich sie, die stille bleiche Liebe / In meinem Arm wie einen holden Traum. / Und über uns im schönen Sommerhimmel / War eine Wolke, die ich lange sah / Sie war sehr weiß und ungeheuer oben / Und als ich aufsah, war sie nimmer da.‹

Nur an die Wolke erinnert sich der Dichter später noch lebhaft, während er das Gesicht des Mädchens längst vergessen hat. So war er, der junge Augsburger Hallodri, der Bürgerschreck und Frauenheld, der es später zu Weltruhm bringen sollte. Seine Augsburger Ursprünge hat er nie vergessen. Und die Kahnfahrt sicher auch nicht.

Jetzt im Herbst treiben bunte Blätter auf dem Wasser, die Boote liegen still wie für ein Gemälde. Im Biergarten sitzen noch ein paar Gäste in der Herbstsonne. Ich mach's wie der junge Brecht, setze mich aufs Eisengeländer, denke an das Gedicht und schaue den Blättern beim Fallen zu.

✿ Der Biergarten mit Bootsverleih wird im Winter zu Augsburgs einzigem Fondue-Restaurant.

DER WITTELSBACHER PARK LIEGT ZWISCHEN ROSENAUSTRASSE UND
GÖGGINGERSTRASSE.

GRÜNE OASE MIT AUFFALLENDEM EIGENLEBEN
Wittelsbacher Park

40

Mächtige Bäume und große Freiflächen prägen diesen ausgedehnten Stadtpark, die stadtnahe grüne Lunge. Der Rosenauberg neben dem Rosenaustadion, bis zum Bau der FCA-Arena auch Zentrum des Fußballgeschehens, ist im Winter ein beliebter Rodelberg. Als Kind bin ich schon mit meinem Vater hier Schlitten gefahren – er hat mich von unserer Wohnung mit dem Schlitten bis zum Rosenauberg gezogen. Das ging schon nicht mehr, als unsere Kinder hierher zum Rodeln kamen, weil die Fußwege im Winter gesalzen und gestreut werden. Doch bis heute ist der Rosenauberg vor allem an den Winterwochenenden von Kindern (und ihren Eltern) bevölkert.

Auch im Wittelsbacher Park oberhalb des Hügels können Kinder das ganze Jahr über ihren Spaß haben – auf zwei großen Spielplätzen mit Sandplatz und Klettergerüst. Auf den lauschigen Wegen unter den Bäumen promenieren Pärchen, Hundebesitzer tollen mit ihren vierbeinigen Freunden auf den Wiesen, auf den Bänken am künstlichen See sitzen Alte und Junge in seltener Eintracht. An warmen Sommerabenden herrscht hier im Biergarten Hochbetrieb. Dann kann man auch die zehn Meter hohe Fontäne im See bewundern. Jetzt im Herbst ist der Biergarten verwaist, still liegt der kleine See, in dem sich der hübsche gusseiserne Pavillon spiegelt. Die herbstbunten Bäume stehen im Wasserspiegel Kopf wie der Hotelturm am Rande der Parks. Die Holzskulptur am Rand verschmilzt fast mit der Natur. Der serbische Bildhauer Mile Prerad, der auch für Banja Luka einen Friedensbaum schnitzte, hat sie als Symbol des friedlichen Miteinanders aller Weltreligionen geschaffen – zum Augsburger Friedensfest 2001.

Auf der Seite der Gögginger Straße begrenzt die Kongresshalle den Park. Dem Betonbau im nüchternen Stil der 70er-Jahre musste der ungleich romantischere Ludwigsbau weichen, an den sich die älteren Augsburger bis heute mit nostalgischer Sehnsucht erinnern. Inzwischen erstrahlt die Kongresshalle nach gründlicher Restaurierung in neuem Glanz. Der Augsburger Presseball findet hier statt – ein gesellschaftliches Ereignis für die Stadt. Auch für Konzerte und Kongresse ist die Halle inzwischen wieder fit gemacht worden.

Überragt wird sie vom Hotelturm, von den Augsburgern wegen seiner wabenförmigen Fassade fast liebevoll ›Maiskolben‹ genannt. An das Restaurant im obersten Stock kann ich mich noch gut erinnern. Der ungewohnte Rundblick auf die Stadt hatte für uns Provinzler etwas Großartiges. Immerhin war der auffallende Turm bei seiner Eröffnung im Olympiajahr 1972 der größte europäische Hotelbau, und er ist mit seinen 107 Metern Höhe immer noch ein Wahrzeichen der Stadt. Wo wir früher bei einem guten Essen aus den Fensterfronten auf Augsburg blickten, sitzt heute die Hauptverwaltung von ›Klassik Radio‹ – auch eine Erfolgsgeschichte.

Nur die wenigsten Augsburger wissen, dass der ganze Park unter der Erde von kilometerlangen Gängen unterhöhlt war. Ein Gang reicht sogar bis auf 20 Meter an den Hotelturm heran. Andere verlaufen direkt unter dem Rudolf-Diesel-Gedächtnishain. Den japanischen Steingarten ließen die Yanmar-Diesel-Werke in Amagasaki und Nagahama anlegen zum Gedenken an Rudolf Diesel, den Erfinder des Dieselmotors (Seite 17). Mit beiden Städten verbindet Augsburg seit 1959 eine enge Partnerschaft – die erste deutsch-japanische. Im Rahmen eines Schwesterstadt-Besuches habe ich vor Jahren Japan besucht, zusammen mit sieben anderen jungen Augsburgern. Als Jugenddelegation waren wir damals Pioniere und wurden entsprechend bestaunt. Heute gehören Besuche und Gegenbesuche zum Alltag der Städtepartnerschaft. Und die Delegationen aus Japan besichtigen natürlich immer auch den Dieselhain im Wittelsbacher Park.

✆   Seit dem Bau der SGL Arena ist das Rosenaustadion verwaist und wird nur mehr für Schulsport und von Vereinen genutzt. Dabei galt es einmal als eines der ›schönsten Stadien Europas‹.

ROMANTISCH: DER PAVILLON AM KÜNSTLICHEN SEE AUS DEM JAHR 1886.

HOCHABLASS /// AM EISKANAL 30 /// 86152 AUGSBURG ///
WWW.WKW-HOCHABLASS.DE ///

An manchen Sonntagen scheint es, als versammle sich ganz Augsburg am Hochablass. Das Lechwehr mit dem Fußgängersteg und mittendrin dem hübschen Getriebehäuschen samt Glockenturm aus dem Jahr 1911 ist nicht nur ein beliebtes Fotomotiv, sondern auch ein Ausflugsziel für alle Generationen. Eltern erklären ihren staunenden Kindern auf dem Steg den Weg des Lechs durchs Wehr und wie die Fische auf der Fischtreppe diese Hürde überwinden. Radler schlängeln sich durch die Gruppen von Menschen, die über die Brüstung hinunterschauen auf den Wasserschleier, der sich über den Damm ergießt und im Winter zu bizarren Eisgebilden erstarrt.

Viel Wasser bleibt dem Lech nicht nach diesem Aderlass am Bilderbuchwehr. Dafür speist sein Wasser die Kanäle in dem Viertel der Augsburger Altstadt, das seinen Namen trägt, dem Lechviertel, und es fließt auch durch den Eiskanal und die Kanustrecke. Dass der Hochablass eine lange Geschichte hat, lässt sich auf einer Bronzetafel nachlesen. Bis ins 14. Jahrhundert geht sie zurück, 1647 wurde das erste hölzerne Wehr errichtet – eines von vielen, die immer wieder zerstört wurden, in kriegerischen Auseinandersetzungen oder auch durch Naturkatastrophen. Der heutige Bau ist eine Stahlbetonkonstruktion und sollte solchen Attacken auch künftig standhalten. Die beiden Steinfiguren am östlichen Ende des Stegs – Flößer und Spinnerin – erinnern an die alte Zeit, als das Wasser des Lechs das Gewerbe der Stadt antrieb.

Die wenigsten wissen noch, dass auf dieser Seite des Wehrs auch einmal eine Ausflugsgaststätte stand. Weil sie im Trinkwasserschutzgebiet lag, fiel sie 1979 der Spitzhacke zum Opfer. Nur der Dachturm blieb erhalten und erinnert an das allseits beliebte Wirtshaus. Er wurde von Augsburger Schreinern restauriert und steht nun als Pavillon am Zugang zum Hochablass.

✍ Nahe dem Hochablass steht das sehenswerte Wasserwerk-Museum, Führungen nach Vereinbarung: Spickelstraße 31, 08 21 / 65 00 86 03, www.stawa.de

AUGSBURGER EISKANAL /// AM EISKANAL 49 /// 86161 AUGSBURG /// 08 21 / 55 31 96 /// WWW.EISKANAL-AUGSBURG.DE ///

DIE MUTTER ALLER KANUSTRECKEN
Eiskanal

42

Als ich 1972 in München als Olympiahostess arbeitete – lang ist's her – war ich ganz besonders stolz darauf, dass auch Augsburg Austragungsort olympischer Wettkämpfe war. Hier fand der erste olympische Kanuslalom statt, und natürlich war ich damals dabei und fieberte mit den Kanuten mit, die auf dieser ›Mutter aller Kanustrecken‹ ihr Können bewiesen. Die Wildwasserstrecke, das weltweit erste künstliche ›Kanuslalom Stadium‹, war in zehnmonatiger Bauzeit errichtet worden. Bei den olympischen Wettkämpfen waren die Tribünen voll, die Platz für 24.000 Zuschauer bieten. Bis heute ist die Olympiastrecke mit ihren Stufen, Walzen und Kehrwassern Vorbild für die Konzeption künstlicher Wildwasserstrecken. Und bis heute finden hier Welt- und Europameisterschaften im Kanuslalom statt, 2011 auch die erste Weltmeisterschaft im Wildwassersprint.

Kein Wunder, dass aus Augsburg auch einige der erfolgreichsten Kanuten Deutschlands kommen. Die Trainingsbedingungen hier sind ideal. Und an neugierigen Zuschauern mangelt es nie, liegt doch die Kanustrecke direkt im liebsten Ausflugsgebiet der Augsburger – beim Hochablass (vorige Seite). Aus gutem Grund: Das Wasser für den Eiskanal wird oberhalb des Wehrs abgezweigt, die Strecke teilt sich dann in eine Slalom- und eine Wildwasserstrecke. Auch die kommt übrigens umweltfreundlich ganz ohne elektrisch betriebene Pumpen aus. Allerdings ist sie deshalb vom Wasserstand des Lechs abhängig.

Ich habe gehörigen Respekt vor der Wildwasserstrecke. Auch wenn die künstlichen Felsen abgerundet sind und damit die Verletzungsgefahr für die Kanuten verringert ist, wollte ich nicht ungeschützt mit so einem Hindernis kollidieren. Für viele Augsburger Jugendliche ist ein Sprung in den Eiskanal aber bis heute eine – gefährliche und verbotene – Mutprobe.

⚲ Vom Zentrum der Stadt fährt die Straßenbahnlinie 6 zur Haltestelle ›Am Eiskanal‹. Von da läuft man zehn Minuten bis zur Olympiastrecke, wo fast immer Kanuten trainieren.

WO AUGSBURG INS KALTE WASSER SPRINGT
Fribbe

43

Dass das Freibad an der Friedberger Straße schon über 100 Jahre auf dem Buckel hat, sieht man ihm nicht an. Im Gegenteil, hier im zentral gelegenen Freibad trifft sich die Jugend der Stadt. Aber das Fribbe gehört eigentlich zu den Lieblingsbädern aller Augsburger, einfach deshalb, weil es so ganz anders ist als die anderen städtischen Bäder – kein Becken mit Chlorgeruch, sondern ein Bach mit Wasser aus den Bergen.

Ich habe es immer geliebt, in den kühlen Kaufbach zu springen und mich die 300 Meter bis zum Ende treiben zu lassen. Am kleinen Wasserfall am Ende musste ich dann so schnell wie möglich Land gewinnen. Inzwischen hat das Fribbe aufgerüstet mit Kinderplanschbecken und Freizeitanlagen: Heute kann man hier wunderbar den Tag vertrödeln. Und wenn's mal kühler ist oder auch regnet, dann kann man im benachbarten Hallenbad, dem Spickelbad, abtauchen. Das gab's natürlich 1893 noch nicht, als das Fribbe als ›Badeanstalt für Männer‹ gegründet wurde. Inzwischen haben die Frauen und Mädchen schon längst die ehemalige Männerbastion erobert. Knapp 100 Jahre nach der Öffnung des Fribbe wurde das Spickelbad dazugebaut, wo es an bestimmten Tagen kuschelig warm ist. Jetzt gibt's auf dem Gelände für jeden etwas, für Warmbader ebenso wie für Mutige, die gern ins kalte Wasser springen, für Tischtennis- und Bocciaspieler. Auf der großen Liegewiese aalen sich Pärchen ebenso wie Familien und Schülergruppen. Und das Beachvolleyballfeld ist fast immer umlagert.

Am Abend kommt dann ein ganz anderes Publikum ins Bad: Kinoliebhaber, die ungeduldig auf den Einbruch der Dunkelheit warten, um dann auf der Großleinwand ihre Lieblingsfilme unter freiem Himmel zu sehen. Zusammen mit dem Lechflimmern im Familienbad an der Schwimmschulstraße gehört das Fribbemaxx zu den Sommerhighlights der Cineasten.

🏊 Das Fribbe ist gut mit öffentlichen Verkehrsmitteln zu erreichen. Für Autofahrer gibt's einen kostenlosen Parkplatz.

BOTANISCHER GARTEN /// DR.-ZIEGENSPECK-WEG 10 ///
86161 AUGSBURG /// 08 21 / 3 24 60 38 ///
WWW.BOTANISCHER-GARTEN-AUGSBURG.DE ///

DIE FRIERENDE IM GARTENPARADIES

Botanischer Garten

44

Da sitzt sie und friert, obwohl sie dick eingemummelt ist. Dabei scheint die Sonne. ›Die Frierende‹ spürt das nicht, sie ist aus Stein. Aber ihr Sitzplatz könnte schöner nicht sein. Von da aus schaut sie immer in ein Gartenparadies, den Botanischen Garten. Nicht einen Garten gibt es hier, sondern viele: einen Apotheker- und einen Bauerngarten, einen Natur- und einen Rosengarten, einen Kräuter- und einen Steingarten und natürlich auch ein Tropenhaus. Dazu noch Beispiele für Dach- und Hausgärten, kleine verträumte Winkel, einen Spielplatz und eine große Liegewiese, wo man sitzen und vor sich hinträumen kann.

Vielleicht würde ›Die Frierende‹ gerne mal den Platz tauschen mit den beiden spielenden japanischen Mädchen aus Granit und einen Blick in den Japangarten werfen. Mit seinen bemoosten Felsen, über die das klare Wasser mal rinnt, mal sprudelt und mit den akkurat geschnittenen Bäumen, den Steinlaternen und Brücken ist er ein Stückchen Japan mitten in Augsburg. Wenn ich hier bin, fühle ich mich an Kyoto erinnert, die alte Kaiserstadt mit ihren märchenhaften Gartenanlagen. Doch der Japan-Garten ist nur ein kleiner, wenn auch besonders reizvoller Teil des Botanischen Gartens, der zu jeder Jahreszeit sein Gesicht ändert. Ich weiß gar nicht, wann ich lieber hier bin. Zur Magnolienblüte im Frühling. Im Sommer, wenn die Rhododendren verschwenderisch blühen und später die Rosen. Oder doch im Herbst, wenn die Blätter der Bäume in allen Gold- und Rottönen leuchten wie auf einem Gemälde von Rembrandt. Am wenigsten wohl im Winter, weil ich nicht frieren will. Obwohl: Wenn der Reif wie Puderzucker auf den Baumskeletten liegt und die Laternen im Japangarten Schneemützen tragen, wenn das Wasser zu Eis erstarrt, auch dann hat der Botanische Garten seinen Reiz – und ›Die Frierende‹ trägt ihren Namen zu Recht.

✐ Im Rahmen des Augsburger Jazz-Sommers finden im Rosenpavillon des Botanischen Gartens hochklassige Jazzkonzerte statt, die weit über Augsburg hinaus bekannt sind.

DER FESTIVALMACHER
Christian Stock

Sein Sohn ist so alt wie das Festival, für das sein Name steht, der Augsburger Jazzsommer. Vor 20 Jahren hat der Kontrabassist Christian Stock damit begonnen, ein Sommertheater mit seiner Musik zu umrahmen. Zuerst im Damenhof in der Maximilianstraße, später dann im Botanischen Garten. Das Sommertheater gibt's schon längst nicht mehr, aber im Damenhof hat der Augsburger Jazzsommer, der über die Grenzen der Stadt hinaus bekannt ist, seine Wurzeln.

Weil immer mehr Fans kamen, musste Stock auch im Botanischen Garten drei Mal die Schlechtwetter-Quartiere wechseln: Vom Seminarraum über die Gärtnerhalle bis ins Glashaus. Da, wo sich der Musiker heute über eine »phänomenale Akustik« freut, war am Anfang das Dach undicht, der Boden mit Splitt bedeckt und in der Mitte machte sich ein Heizblock breit. Nach »intensiven Gesprächen«, erinnert sich der 56-jährige Konzert-Organisator und lächelt in sich hinein, wurden die notwendigen Reparaturen in Angriff genommen. Jetzt ist das Dach dicht, der Boden mit Terrakottafliesen belegt und das Glashaus hat sich zu einer veritablen Veranstaltungshalle gemausert. Auch die technische Anlage am Rosenpavillon draußen im Botanischen Garten wurde ausgetauscht – und ist schon wieder veraltet. »Heute muss man erstklassige Beschallungsanlagen anbieten«, weiß der blonde Musiker, der die Unterstützung der Mitarbeiter im Botanischen Garten nicht genug loben kann.

Das technische Niveau stieg mit dem musikalischen. Heute kommen die Stars der Szene aus der ganzen Welt. Dafür, dass sie Augsburg im Auge behalten und die Fans des Jazzsommers alle Jahre wieder großer Musik lauschen können, müht sich Christian Stock neun Monate im Jahr ab – neben seiner Arbeit in der Augsburger Allgemeinen, die ihm finanzielle Sicherheit gibt. Dass der Jazzsommer vom »Wohlwollen der Stadtregierung« profitiert, räumt der 56-Jährige gerne ein. Wünschen würde er sich aber mehr Verständnis für alle Facetten der Kultur, auch die experimentellen.

ZOO AUGSBURG /// BREHMPLATZ 1 /// 86161 AUGSBURG ///
08 21 / 5 67 14 90 /// WWW.ZOO-AUGSBURG.DE ///

»Guck mal, die Löwen!«, sagt der Vater zu seinem kleinen Sohn, der gerade auf einem Bronzelöwen herumturnt. Der echte Löwe mit der blonden Mähne hat sich für die Fotografen in Pose gesetzt. Der Augsburger Zoo hat zwar keinen Knut, nur ein paar Braunbären. Doch der Tiergarten, vor 75 Jahren als ›Park der deutschen Tierwelt‹ er-, hat sich mittlerweile auch exotischen Tieren geöffnet. Dabei hat das in Augsburg eigentlich Tradition. Schon Anno Domini 802, erzählt man sich, habe Augsburg vom Kalifen Harun al Raschid einen indischen Elefanten als Geschenk an Kaiser Karl den Großen erhalten. Der Elefant mit dem Namen Abul Abbas sei zu Fuß von Aachen nach Augsburg gekommen und später als Kriegselefant gegen den dänischen König ins Feld gezogen, wo er an einer Lungenentzündung starb. Dieses Schicksal bleibt den heutigen Elefanten erspart. Sie haben ihre Heimat im Zoo gefunden, gleich gegenüber dem weitläufigen Afrika-Panorama.

Hier rüstet sich ein mächtiger Nashornbulle zur Attacke, die zwei kleineren Tiere nehmen erst einmal die Herausforderung an. Drei Hörner gehen in Angriffsstellung. Dann – machen die Weibchen einen Rückzieher. »Sowas habe ich noch nie gesehen«, flüstert eine Frau neben mir ganz verzückt. Ganz weit hinten sehe ich ein paar Giraffen, Zebras stehen im Schatten der Bäume. Wären nicht die deutschen Laubbäume, man könnte sich glatt in Afrika wähnen. Auch sonst gibt es im Zoo viel zu sehen: Onager (asiatische Esel) und Steinböcke, Affen und Seehunde, Pelikane und Watussirinder, Schlangen und Erdmännchen. Über 1.600 Tiere leben im Zoo – eine Arche Noah, in der auch bedrohte Tierarten überleben können. Doch für die Kinder sind die Hasen, die Zicklein und Lämmer im Streichelzoo das Wichtigste. Und natürlich der riesige Abenteuerspielplatz.

✍ Bei Frühaufsteher- und Abendführungen kann man den Zoo ganz anders erleben. Im Sommer gibt es auch eine Dschungelnacht und zum Augsburger Friedensfest ein Kinderfest.

DER STEMPFLESEE LIEGT ZWISCHEN DER SIEBENTISCHSTRASSE UND DER BEZIRKSSPORTANLAGE SÜD.

AM AUGE DES WALDES
Stempflesee

Schon als Kind liebte ich diesen kleinen See, der mitten im Siebentischwald liegt wie ein klares blaues Auge. Damals packte ich zu Hause die Brotreste zusammen, um all die Enten, die Gänse und die Schwäne zu füttern, die sich auf diesem künstlich geschaffenen Seelein heimisch fühlen. Auf den Bänken saßen die alten Leute in der Sonne, rund um den See rannten wir Kinder um die Wette und auf dem Wasser zogen die Schwäne ihre Kreise.

Auch heute noch ist der Stempflesee, der einst als Arbeitsbeschaffungsmaßnahme angelegt und nach seinem Schöpfer Gottfried Stempfle benannt wurde, ein beliebtes Ausflugsziel von Groß und Klein im 1.580 Hektar großen Siebentischwald, Augsburgs grüner Lunge – und zu allen Jahreszeiten ein Dorado für Fotografen. Ob Winter, Frühling, Sommer oder Herbst – an diesem von Laubbäumen umstandenen Auge des Waldes zeigen sich die Jahreszeiten von ihrer schönsten Seite. Selbst nebelverhangen ist der Stempflesee noch wunderschön. Das Wasser für den See kommt aus dem Brunnenbach, der durch den Siebentischwald fließt.

Auf moosweichen Waldwegen kann man seinem Verlauf folgen, kann sich treiben lassen durch den Wald, in dem tiefe Bombenkrater davon erzählen, dass der Krieg auch in dieser scheinbaren Naturidylle getobt hat. Bomben zerstörten auch die Gaststätte, die dem Wald seinen Namen gegeben hat. Sieben Tische soll sie nur gehabt haben – daher der Name des Waldes. Durchzogen wird er von einem Netz von Wander-, Rad- und Reitwegen, alle fein säuberlich voneinander getrennt. Wenn von fern das Tock-Tock der Stöcke zu hören ist, dann ist mal wieder eine Gruppe Nordic Walker unterwegs. Hunger leiden braucht übrigens niemand in diesem Wald. Auch nach dem Ende der Sieben-Tisch-Gaststätte sorgen Biergärten und Wirtschaften fürs leibliche Wohl der Waldgänger.

☞ Wie ein Hexenhäuschen mitten im Wald steht die Waldgaststätte Parkhäusl, im Sommer mit Biergarten: www.parkhaeusl.de

DER LANDSCHAFTSPFLEGER
Nicolas Liebig

Über ein Praxissemester beim Amt für Grünordnung ist Nicolas Liebig in den Landschaftspflegeverband ›gerutscht‹, und über den Mann, der ihn nach Augsburg holte, ist der ›Dipl. Ing. Landespflege FH‹ des Lobes voll. Ein »Denkmal in Sachen Gartenkultur« nennt er seinen Mentor Kurt R. Schmidt, der den Japanischen Garten und die Bundesgartenschau nach Augsburg gebracht hat.

Inzwischen ist der Marathonläufer Liebig selbst zu einem wichtigen Protagonisten der Landschaftspflege geworden. Der 40-jährige Vater zweier Töchter kümmert sich nicht nur um Biotope und Wanderschäfer, er engagiert sich in der Umweltbildung, und er rief mit Gleichgesinnten das Netzwerk Augsburg für Natur- und Umweltbildung NANU ins Leben, das sich mit seinem Veranstaltungsprogramm zu einer »echten Marke« auswuchs. Angeboten werden klassische Führungen zur seltenen Sumpfgladiole ebenso wie Land-Art-Projekte am Fluss oder Dengelkurse für Hobbygärtner. Für das Wildpferdeprojekt (Seite 137) erreichte der umtriebige Umweltmanager Ende 2006 die Förderzusage der Deutschen Bundesstiftung für Umwelt, der größten Umweltstiftung Europas. »Ein Ritterschlag.«

Inzwischen ist der Augsburger Landschaftspflegeverband einer der größten in Bayern und ein Aushängeschild für die Stadt – auch dank des engagierten Teams. 2012 konnte der Geschäftsführer die Ernte jahrelanger Bemühungen einfahren und gleich sechs Preise einheimsen, darunter den renommierten Deutschen Naturschutzpreis. Das Preisgeld will Liebig in die Kampagne ›WasSerleben‹ stecken, mit der der Landschaftspflegeverband Augsburgs UNESCO-Bewerbung unterstützt. An Ideen mangelt es ihm nicht. An eine Wasser-Lauschtour denkt er, an Kultur am Bach. Die Augsburger möchte er dazu bringen, »ihren Lech zu leben« und sich darüber zu freuen, dass »einmalig in Deutschland 25 Prozent des Stadtgebiets unter Naturschutz stehen«.

KÄLBERHALLE /// BERLINER ALLEE 36 /// 86153 AUGSBURG ///
08 21 / 4 55 65 66 /// WWW.KAELBERHALLE.DE ///

Schlachthof, das klingt erstmal nicht einladend, eher abschreckend. Wer will schon dabei sein, wenn Tiere geschlachtet werden? Und die Kälberhalle war womöglich eher ein Wartesaal auf den Tod. Doch davon zeugt heute nur mehr der Name. Der riesige Raum mit den hohen Glasfenstern wirkt fast wie eine Kathedrale. Hier ist etwas gelungen, was mir besonders gut gefällt – eine schöne industrielle Bausubstanz zu erhalten und für neue Zwecke umzugestalten. Die Dierig Holding AG, die das Gelände erwarb, hat für die Renovierung des über 100 Jahre alten schönen Klinkerbaus fast sieben Millionen Euro in die Hand genommen. Es hat sich gelohnt.

Die Kälberhalle ist heute das Aushängeschild des ganzen Schlachthof-Areals, das sich immer mehr zum trendigen Ausgehziel der Augsburger entwickelt. Wer sich in der neuen Braustätte der Augsburger Hasen-Bräu mit ihren auf Hochglanz polierten Braukesseln umschaut, im Restaurant Brotzeit macht oder draußen im Biergarten sein frisch Gezapftes trinkt, kann kaum glauben, dass hier einmal der Schlacht- und Viehhof der Stadt stand. Und schon gar nicht, dass noch 1880 Flöße und Kähne das Areal ansteuerten. Denn damals hatte Augsburg noch einen Stadthafen und der lag – ja, genau: an der heutigen Berliner Allee. Ein Besuch in der Kälberhalle ist also auch noch eine Reise in die Augsburger Geschichte – auch in die Braugeschichte übrigens.

Denn die Hasen-Bräu, die mittlerweile von Tucher Bräu geschluckt wurde, hat eine lange Tradition. Schon 1464 hat der ›Bierpreu‹ Ulrich Alpershofer in seiner Schenke ›Zu den drey Glass‹ Bier ›in grossen Bottichen‹ am offenen Feuer gesotten. Das waren die Ursprünge der traditionsreichen Hasen-Bräu. Dass das Brauhaus zum Hasen in der Kälberhalle an diese Tradition anknüpft, darauf weist schon der große Hase vor dem Gebäude hin, der einstmals Aushängeschild des Brauereigeländes in der Innenstadt war.

🖉 Nicht ganz so bodenständig, eher mediterran ist die Küche im Schlachthof gleich gegenüber der Kälberhalle: www.schlacht-hof-restaurant-bar.de

WILDPFERDEPROJEKT: PARKPLATZADRESSE ///
KARWENDELSTRASSE 2 /// 86343 KÖNIGSBRUNN ///
08 21 / 3 24 60 94 /// WWW.LPV-AUGSBURG.DE ///

Ich kannte diese rotbraunen Pferde bisher nur aus der Mongolei, und da habe ich sie nur von Weitem gesehen. Dass ich nun die Chance habe, diesen kleinen knuffigen mongolischen Wildpferden im Augsburger Stadtwald näher zu kommen, ist einem ganz besonderen Projekt zu verdanken. Fünf Przewalskipferde grasen in dem lichten Kiefernwald. Ihren Namen haben sie von einem russischen Expeditionsreisenden erhalten, der diese Wildpferdeart entdeckt hat. Im Wildpferdeprojekt arbeiten sie als ›Landschaftspfleger‹: Sie sollen in einem umzäunten 30 Hektar großen lichten Waldgelände den Grasfilz ausrupfen, Baumtriebe klein halten und so dafür sorgen, dass in dieser von Verbuschung bedrohten Lechheide wieder seltene Blumen wie Knabenkraut und Enzian blühen können.

Ihren Job haben die fünf Junghengste seit 2007 perfekt erledigt, so der Landschaftspflegeverband, der das ziemlich einzigartige Beweidungsprojekt initiiert hat und dafür 2012 mit dem Bayerischen Umweltpreis ausgezeichnet wurde. Unterstützung bekommen die wilden Pferde, die selbst größere Artgenossen das Fürchten lehren können, bei ihrer Arbeit von Rothirschen, die in einem Nachbargehege wieder angesiedelt wurden. Die freilich kriegen Besucher, die in dem Kiefernwald an der Königsbrunner Heide nach dem scheuen Wild Ausschau halten, kaum zu Gesicht.

Anders bei den Przewalskihengsten: Vor allem im Winter sind die Chancen gut, den einen oder mehrere der hellbraunen Hengste mit der dichten Borstenmähne zu sehen und festzustellen, dass sie eine auffallende Ähnlichkeit mit ihren urzeitlichen Vorfahren auf den Höhlenmalereien von Lascaux oder Altamira aufweisen. Denkt man sich die Menschen weg, könnte man sich glatt zurück in die Steinzeit versetzt fühlen. So ähnlich könnte es hier auch vor 20.000 Jahren ausgesehen haben.

✍ Der ›Pferdeflüsterer‹ Norbert Pantel, Leiter des Beweidungsprojekts, bietet regelmäßig Führungen zur Hasenheide an und plaudert dabei auch aus dem Nähkästchen. Kontakt: n.pantel@lpv-augsburg.de

RATHAUSPLATZ /// 86150 AUGSBURG ///

SCHÖNE ENGEL UND EIN ARMER TEUFEL
Rathausplatz

49

Schaut man sich heute diesen Platz an, von dem man einen unverstellten Blick auf das von Elias Holl erbaute Renaissancerathaus hat, kann man sich gar nicht mehr vorstellen, dass es vor Jahren Pläne gab, den Rathausplatz zu bebauen. Glücklicherweise wurden sie ad acta gelegt wie so manches in Augsburg. Jetzt ist der Platz im Sommer von Cafés belegt, und wir Augsburger sitzen hier gerne unter Sonnenschirmen und schauen aufs Rathaus oder auf den prächtigen Augustusbrunnen.

Auf den Stufen zu dem Prachtbrunnen, der im 16. Jahrhundert nach Plänen von Hubert Gerhard zu Ehren des Stadtgründers Kaiser Augustus errichtet wurde, hocken an lauen Tagen junge Leute, essen, trinken und diskutieren, andere lagern in Grüppchen auf dem sonnenwarmen Pflaster. Zum Augsburger Friedensfest müssen sie Tischen und Bänken weichen. Um diese Tische versammeln sich am 8. August Augsburger aus aller Herren Länder und der verschiedensten Glaubensrichtungen. An der Friedenstafel teilen sie die mitgebrachten Speisen mit ihren Tischnachbarn. Pfarrer, Rabbis, Imame und buddhistische Mönche sprechen über den Frieden und multi-ethnische Bands spielen dazu. So bunt zeigt sich die Stadt nur selten, Augsburger mit afrikanischen Wurzeln sitzen neben solchen aus Asien, türkische Augsburger neben griechischen, Ur-Augsburger neben Neubürgern, alte Menschen neben Familien mit Kindern. Es geht fröhlich zu und laut auf diesem Festival der guten Nachbarschaft, das ich nicht mehr missen möchte.

Laut ist es auch im Winter auf dem Rathausplatz, wenn sich der Christkindlmarkt hier breitmacht. Seit ein paar Jahren trifft man sich hier am Abend zum ›After-Work-Glühwein‹, was dem Markt den eher abfälligen Beinamen ›Glühmarkt‹ eingebracht hat. Dabei ist man in Augsburg doch so stolz auf diesen Christkindlmarkt vor der prachtvollen Rathauskulisse. Am Warenangebot liegt es wohl nicht, dass die Menschen zuhauf auf diesen Markt strömen. Es ist beliebig wie auf so vielen Weihnachtsmärkten. Neben Kerzen, Lametta, Kugeln, Krippen und anderem Weihnachtsschmuck wird unter dem riesigen Weihnachtsbaum und neben der großen Weihnachtspyramide auch allerhand Tand und Kitsch feilgeboten. Doch wenn an den Adventswochenenden an den erleuchteten Fenstern des Rathauses und auf dem Balkon 24 anmutige Engel mit traditionellen Musikinstrumenten erscheinen, dann geht ein Raunen durchs wartende Volk und so mancher summt mit, wenn ›Vom Himmel hoch‹ angestimmt wird. Sie sehen auch wunderschön aus, diese Engel – als wären sie geradewegs einem Altarbild von Hans Holbein dem Älteren entsprungen. Für die himmlischen Kleider haben sich die Macher des ›Engele-Spiels‹ tatsächlich von dem großen Künstler inspirieren lassen.

Auch ohne Engele ist das Elias-Holl-Rathaus, einer der imposantesten Profanbauten der Renaissance nördlich der Alpen, ein Blickfang. Dass es zum großen Teil eine Rekonstruktion ist, erkennen nur Spezialisten. Bei dem verheerenden Bombenangriff im Februar 1944 wurde auch das Rathaus getroffen und brannte bis auf die Außenmauern nieder. Der berühmte Goldene Saal wurde ebenso ein Raub der Flammen wie die Fürstenzimmer. 17 Jahre arbeiteten Goldschmiede, Stuckateure und Restaurateure an seiner Wiederherstellung. Seit 1996 können Besucher den Goldenen Saal wieder in voller Pracht erleben und sicher sein, dass alles Gold ist, was da glänzt.

Nicht ganz so prachtvoll, aber aus dem Stadtbild nicht wegzudenken ist der Perlachturm neben dem Rathaus. Elias Holl sorgte dafür, dass der Wachtturm aus dem 10. Jahrhundert neben dem prächtigen Rathaus bestehen konnte. Der Baumeister verpasste dem Turm einen Säulenaufbau und eine Zwiebelhaube und erhöhte ihn damit auf stolze 70 Meter. Zu besonderen Ehren kommt der Perlachturm einmal im Jahr, am Michaelistag (29. September), wenn am untersten Fenster das Turamichele erscheint. Der hölzerne Erzengel Michael sticht zu jeder vollen Stunde im Takt der Glockenschläge auf den Teufel ein, der sich ihm zu Füßen krümmt. Das hat er auch schon getan, als ich noch ein Kind war. Damals hat mir der arme Teufel immer leidgetan. Heute zählen die Kinder die Stiche mit, ehe sie ihre Luftballons mit Augsburger Friedensgrüßen in den Himmel steigen lassen.

☞ Den Perlachturm kann man besteigen. Von oben überblickt man ganz Augsburg. Einmal im Jahr findet der Perlachturmlauf statt, einer der bekanntesten Turmläufe in Deutschland.

BOTSCHAFTER DES BIERES

Sebastian Priller

Warum er, der erfolgreiche Unternehmensberater und Vielreisende, die weite Welt gegen Augsburg eingetauscht hat? Für Sebastian Priller – fesch im Trachtenjanker – war das nie eine Frage. »Ich bin gerne wieder nach Hause gekommen«, sagt er, und fügt lachend hinzu: »Halbes Gehalt, doppelter Spaß.«

Der Juniorchef der Brauerei Riegele und Weltmeister der Biersommeliers liebt die Stadt, fühlt sich hier fest verwurzelt, schätzt die »hohe Lebensqualität« und ist davon überzeugt, dass Augsburg eine große Zukunft vor sich hat. »Diejenigen, die über die Stadt schimpfen, waren nie weg«, glaubt der 37-jährige Vater von zwei Töchtern. Er lobt die Loyalität der Augsburger, das Understatement der (Einfluss)Reichen: »Man prahlt nicht in Augsburg. Wer Jet Set will, muss nicht hier leben.«

Statt für teure Hobbys gibt er lieber Geld für die Zukunft aus. Zusammen mit seinem Vater hat er die Riegele Brauwelt realisiert, »eine Investition für die nächsten Generationen«. Unter dem Motto ›Schönes Leben hier‹ öffnet sich die sonnengelbe Brauerei jetzt in die Stadt – mit der Bier-Akademie, der Bier-Manufaktur, dem Bier-Laden, den Bier-Experten, dem Biergarten und dem Wirtshaus. Schaut man sich hier um, glaubt man glatt, dass Bier »flüssige Lebensfreude« ist, wie der jungenhaft wirkende Experte schwärmt. Der redegewandte Juniorchef ist die Idealbesetzung für einen ›Botschafter des Bieres‹, das für ihn all das verkörpert, »wonach sich die Menschen heutzutage sehnen: Bier ist ehrlich, bodenständig, authentisch«.

Dass Riegele »europaweit zu den Qualitätsführern« gehört, macht Priller stolz. Immerhin blickt das Augsburger Brauhaus auf 626 Jahre Tradition zurück, seit 1884 ist es im Familienbesitz der Prillers. Das verpflichtet. Die Bier-Spezialitäten, die hier gebraut werden, sollen sich mit guten Weinen messen können und Augsburg als beste Adresse unter Bierkennern etablieren.

KINO MIT KAFFEEHAUS
Thalia Theater

50

Ich habe lange gesucht, um die Ursprünge dieses Kinos zu finden, das ich besonders gerne mag. 1917 wurde zum ersten Mal ein Thalia Filmtheater in Augsburg erwähnt. Das war lange vor meiner Zeit. Aber auch heute noch sieht man, dass dieses Filmtheater eine lange Geschichte hat, die übrigens nicht nur positiv war: Im Dritten Reich residierten hier SA und SS. Von der braunen Vergangenheit ist zum Glück nichts übrig geblieben. Im Gegenteil: Das Thalia wurde zum Hort alternativer Filmkunst, seit Franz Fischer und Ellen Gratza 1985 die ersten Tage des unabhängigen Films organisierten.

Studenten waren die beiden damals noch. Heute sind sie die Macher des Augsburger Kinodreiecks, zu dem neben dem Mephisto und dem winzigen Savoy, von den Augsburgern auch ›Kartoffelkeller‹ genannt, eben auch das repräsentative Thalia Theater gehört. Es gibt immer noch Festivals wie die Tage des unabhängigen Films oder das Augsburger Kinderfilmfest. Und weil Franz Fischer sich dem guten Film, nicht dem Mainstream, verschrieben hat, flimmern oft preisgekrönte Streifen über die Leinwand, aber ebenso Kassenknüller wie die Rosenmüller-Filme (›Wer früher stirbt ist länger tot‹). Der bayerische Regisseur hat hier so viele Fans, dass jede Filmvorstellung für ihn ein Heimspiel ist. Wenn er da ist, ist auch das Kaffeehaus im Thalia proppenvoll.

Der lange Umbau hat sich gelohnt. Jetzt lässt das Kaffeehaus das Flair vergangener Zeit aufleben. Ist gerade kein Regisseur zu Gast und findet auch kein Konzert statt, dann sitzt man gemütlich im dichten Gedränge unten um den Flügel oder mit Aussicht oben auf der Galerie, bedient sich aus dem reichlichen Zeitungsangebot oder plaudert. Hier könnte man locker den ganzen Tag verbringen – vom späten Frühstück, das bis 17 Uhr serviert wird, bis zum nächtlichen Abschiedsdrink.

✍ Kult ist das Lechflimmern, das Ellen Gratza und Franz Fischer seit 20 Jahren organisieren: Filmgenuss im Freien mit Großleinwand im Plärrerbad, Schwimmschulstraße 5.

LILIOM /// UNTERER GRABEN 1 /// 86152 AUGSBURG ///
08 21 / 51 40 84 /// WWW.LILIOM.DE ///

KINOKUNST IM
EHEMALIGEN BRUNNENPUMPWERK
Liliom

51

Das Liliom ist für mich mehr als ein Kino, obwohl es auch da vorbildlich ist. In dem Haus am Unteren Graben, ursprünglich ein Brunnenpumpwerk, werden nur ausgesuchte Filme gezeigt: Als Mitglied der Arthaus Kinos hat es sich das Liliom zur Aufgabe gemacht, dem Publikum auch solche Filme vorzuführen, die nicht als Blockbuster reüssieren, sondern künstlerisch anspruchsvoll und inhaltlich interessant sind. Was über die Leinwand flimmert, ist nach Aussage von Filmliebhaber und Liliom-Gründer Tom Dittrich »ein abwechslungsreiches Programm aus deutschen, europäischen und internationalen Filmkunststreifen, ansprechenden Dokumentationen und einem qualitativ hochwertigen Angebot an Kinder- und Familienfilmen«.

1989 konnte der Augsburger, der im Münchner Türkendolch zum Filmkenner herangereift war, das Liliom eröffnen, eine »Symbiose aus Film und Architektur« und eines der schönsten Kinos im weißblauen Freistaat. Als Namensgeber wählte Dittrich den Protagonisten des Theaterstücks ›Liliom‹ von Franz Monar, das auch Fritz Lang verfilmt hatte – einen gescheiterten Schausteller, der nach seinem Selbstmord für ein kurzes Gastspiel auf die Erde zurückkehrt. Dieser Liliom leistet den Besuchern im Kinosaal Gesellschaft – als Pappkamerad.

Andere Promis waren in Fleisch und Blut da wie Armin Müller-Stahl, Hanna Schygulla oder Bernhard Sinkel, Julia Jentsch und Dominik Graf. Auch für Politiker wie Otto Schily oder Renate Schmidt bietet das Liliom ein reizvolles Umfeld. Auf die Geschichte des Hauses als Brunnenpumpwerk verweist der Bach, der unter einer Glasscheibe im Foyer hindurchfließt. Vor oder nach dem Filmerlebnis kann man sich im Café Bar Restaurant unter Filmplakaten und den strengen Blicken von Frida Kahlo in entspannter Atmosphäre stärken oder auch gemütlich ein Gläschen Wein trinken.

✍ Auch wer nicht gerne ins Kino geht, ist im Liliom willkommen. Im Sommer auch im kleinen Biergarten neben dem Haus.

**KULTURHAUS KRESSLESMÜHLE /// BARFÜSSERSTRASSE 4 ///
86150 AUGSBURG /// 08 21 / 3 62 15 ///
WWW.KRESSLESMUEHLE.DE ///**

KOMMUNIKATIONSZENTRUM IM HERZEN DER ALTSTADT

Kresslesmühle

52

Eigentlich kann ich mir die Kresslesmühle ohne ihren langjährigen Leiter und Ideengeber Hansi Ruile gar nicht vorstellen. Aber auch nach seinem Abschied wird das offene Bürgerhaus in der Augsburger Altstadt hoffentlich Impulsgeber für die Stadt und ihre multikulturelle Gesellschaft bleiben. 1977 war es als eines der ersten soziokulturellen Zentren in Bayern in einer 500 Jahre alten Mühle eröffnet worden. Ruiles Nachfolgerin Gabriele Spiller kommt aus Zürich. Die gebürtige Berlinerin, als langjährige Sozialforscherin mit den gesellschaftspolitischen Problemen unserer Zeit bestens vertraut, soll die schon bestehenden Initiativen in die Zukunft führen.

›Die Mühle‹, wie der Treff unter Stammgästen genannt wird, ist ein echtes Kommunikationszentrum, ein Ort der Begegnung, auch der interkulturellen Kommunikation. Sie will Wege zu ›einem Miteinander in der Vielfalt‹ aufzeigen – ohne erhobenen Zeigefinger. Hier trifft man sich ganz locker zum Ratschen und Politisieren, zu Workshops, zu Musik und Kabarett. Es gibt eine interkulturelle Kindertagesstätte und interkulturelle Veranstaltungen wie das ›Festival der 1000 Töne‹. Auch außerhalb der Stadtgrenzen Aufmerksamkeit erregte die internationale Theaterproduktion ›Gilgamesch‹ in Zusammenarbeit mit dem Meta Theater in München und dem La MaMa Theatre New York. In der Stadt des Augsburger Religionsfriedens fühlt sich die Mühle auch dem interreligiösen Dialog verpflichtet und engagiert sich für ein besseres Verständnis des Islam in unserer Gesellschaft. Das Bürgerhaus steht allen offen, Alten und Jungen, Künstlern und Laien, Einheimischen und ›Zugroisten‹ und es bietet immer auch eine Bühne für Experimentelles. Genau das also, was eine Stadt braucht, um lebendig zu bleiben.

✍ Im Café Artistico im Haus der Kresslesmühle gibt's auch Frühstück oder mittags einen leichten Lunch.

VORDERER LECH /// 86150 AUGSBURG ///

KLEIN-VENEDIG AM LECH
Lechviertel

53

Wenn ich mal Zeit zum Bummeln habe, dann gehe ich am liebsten ins Lechviertel. Hier ist Augsburg fast so etwas wie Klein-Venedig – mit vielen Kanälen und unzähligen kleinen Brücken. Bemerkenswert auch die Namen dieser sich immer wieder verzweigenden Lechkanäle wie der Findelhauskanal, der Hanreibach, der Siebenbrunnenbach oder auch der Schäfflerbach. Dann wären da noch der Sparrenlech, der Vordere Lech, der Hintere Lech und der Mittlere Lech, der Lochbach und das Ölbächlein, der Sägmühlbach und der Proviantbach und noch einige mehr. Sie alle sorgen dafür, dass das Lechviertel, einst Zentrum des Handwerks und Arme-Leute-Gegend, heute eines der attraktivsten und lebenswertesten Stadtviertel ist. Aufgedeckt wurden die Kanäle erst in den 80er-Jahren des letzten Jahrhunderts bei der umfassenden Sanierung des alten Stadtviertels.

Seither hat sich viel getan. Viele Häuser wurden saniert, die Fassaden herausgeputzt. Neben den noch verbliebenen Handwerksbetrieben wie der Alten Silberschmiede, die daran erinnert, dass Augsburger Silber- und Goldschmiede einmal zu den besten ihrer Zunft gehörten, oder der Gerberei Aigner, die auf eine über 150-jährige Tradition zurückblickt, haben sich kleine Läden, Wirtshäuser und Kneipen angesiedelt. In den mittelalterlichen Gassen des Lechviertels bekommt man noch Dinge, die es in den großen Filialen der Augsburger Innenstadt nicht mehr gibt: Handgefertigtes, Individuelles, Altes oder Exotisches, Edles und Kurioses. Auch wer Lust auf Kunst hat, wird im Lechviertel fündig. Etwa im Holbeinhaus. Es ist nach Hans Holbein benannt – dem Älteren, der hier lebte und arbeitete, und dessen Sohn dem Jüngeren, der hier geboren wurde. Im Krieg wurde das Haus zerstört, allerdings wieder aufgebaut. Heute lädt dort der Augsburger Kunstverein in seine Ausstellungsräume.

✆ Süße Köstlichkeiten für Leckermäuler gibt es im Laden Bittersüß gleich neben dem Holbeinhaus.

DER SZENE-WIRT
Richard Goerlich

»Ich finde, Gastgeber zu sein, ist eine der schönsten Sachen im Leben«, sagt Richard Goerlich. Dazu müsse man allerdings Menschen mögen. Für den Szene-Wirt, der auch der erste Popkulturbeauftragte Augsburgs war und in der Ludwigstraße drei ganz unterschiedliche Lokale betreibt, ist »gute Gastronomie der soziale Kitt der Stadtgesellschaft«.

Dabei wollte der 42-Jährige, der zu seinem »bildungsbürgerlichen Hintergrund« steht und immer noch aussieht wie ein Student, eigentlich Lehrer werden. Inspiriert zu dem Berufswunsch hatte ihn der Film ›Der Club der toten Dichter‹. Er studierte fürs Lehramt, brach aber das Studium ab, als er mit 22 Vater wurde. Eine Entscheidung, die der – geschiedene – Vater einer 20-jährigen Tochter und eines 15-jährigen Sohnes bis heute bereut.

Goerlich sah sich erstmal um im Bereich der neuen Medien, ging nach München und nach Berlin, arbeitete als Chefredakteur in einem Internetunternehmen, bei einem Musikverlag und bei einem Rundfunksender. Dann brachte ihn seine Ex-Frau auf die Idee, ein Café zu eröffnen. Gemeinsam gründeten sie 2004 das ›Lamm‹ und setzten mit »einem alternativen Gastraum-Konzept eine Duftmarke« in Augsburg. Einfach war das nicht, die »blauäugigen Anfänger« mussten einige Rückschläge hinnehmen und viel Geld in Lärmschutz investieren. Als Ausweichquartier für laute Events kam ein Jahr später ›Das laute Lamm‹ (heute ›Schwarzes Schaf‹) hinzu, und 2012 hat Goerlich mit der ›Alten Liebe‹ eine »Viertelkneipe« aufgemacht, »fast konzeptfrei«. Hier sollen sich Schauspieler, Studenten und normale Bürger wohlfühlen.

Der Wirt, für den es »immer normal war, auch einen Bürojob zu machen«, will mit seinem Gastronomiekonzept auch etwas an der Mentalität der Stadt ändern, »die sich manchmal selbst nicht leiden kann«. »Je mehr Lämmer es in Augsburg gibt«, ist er überzeugt, »desto mehr Studenten werden wir in der Stadt haben, die auch gerne hierbleiben«.

**UNIVERSITÄT AUGSBURG /// UNIVERSITÄTSSTRASSE 2 ///
86159 AUGSBURG /// 08 21 / 59 80 /// WWW.UNI-AUGSBURG.DE ///**

ALLES ANDERE ALS EIN ELFENBEINTURM
Universität

54

Ich musste noch in München studieren, in überfüllten Hörsälen und einer Aula, in der wir oft gerade noch auf den Treppenstufen Platz fanden. In Augsburg war die Universität damals noch im Aufbau. Diese Uni ist jung, immer wieder kommen neue Fakultäten hinzu – nur mit der medizinischen wird es wohl nichts werden. Und die Augsburger Hochschule ist alles andere als ein Elfenbeinturm der akademischen Lehre. Sie hat viele öffentliche Räume – innerhalb der Gebäude mit Vortragsreihen, Konzerten und der Kinderuni, bei der schon die Kleinen lernen, Alltagsfragen auf den Grund zu gehen.

Die sieben Fakultäten und die Universitätsbibliothek, wo sich auch die Bibliothek des Fürstenhauses Oettingen-Wallerstein mit wertvollen Inkunabeln und Handschriften befindet, sind in hellen Gebäuden untergebracht mit viel Licht und Luft. Die neue Mensa reagiert mit einem Pavillonkonzept und einer breiten Palette von Gerichten auf die Wünsche der rund 17.000 Studierenden, die aus allen Ecken der Welt nach Augsburg kommen. Wer mag, kann hier auch essen – zu Studentenpreisen. Kunstwerke, die über den ganzen Campus verstreut sind, wie ein Trojanisches Pferd, ein monumentaler Helm und meterhohe Stahlstühle machen einen Rundgang über den Campus, der als einer der schönsten in ganz Deutschland gilt, zu einer Entdeckungsreise in moderne Kunstwelten. Auch wer zu solcher mehr abstrakter Kunst keinen Draht hat, kommt bei einem Spaziergang über den Campus auf seine Kosten. Am Uniteich stehen Bänke, hier kann man sitzen, die Spiegelbilder im Wasser betrachten und den Studenten zuschauen, die diskutierend über den Campus eilen. Ein Stück weiter hinten lässt Japan grüßen mit einem anmutigen roten Tor im Wasser, das an die Insel Miyajima erinnert. Ganz klar: Sollte ich noch mal studieren, komme ich hierher.

✐ Die Straßenbahnlinie 3 fährt direkt auf den Campus und verbindet in 15 Minuten die Innenstadt mit der Universität.

SGL-ARENA DES FCA /// BÜRGERMEISTER-ULRICH-STRASSE 90 ///
86199 AUGSBURG /// 08 21 / 4 55 47 70 /// WWW.FC-AUGSBURG.DE ///

HÜLLENLOSES BETONSKELETT
AUF DER GRÜNEN WIESE

SGL-Arena des FCA

55

Der FCA hatte eine lange Durststrecke. 2006 aber hat der Club den Aufstieg in die zweite Bundesliga geschafft und sich 2011 bis in die erste Liga vorgearbeitet. Es wurde also Zeit für ein neues Stadion, denn das Rosenaustadion entsprach nicht mehr den Anforderungen des Profifußballs. 2009 wurde die neue Fußballarena auf der grünen Wiese eröffnet, eine Betonkonstruktion mit einer Gesamtkapazität von 30.660 Plätzen.

Das neue Fußballstadion hat in den zurückliegenden Jahren mehrmals den Namen gewechselt, seit 2011 heißt es SGL-Arena. Dahinter steht die SGL Group, der weltweit führende Hersteller von Produkten aus Carbon (Kohlenstofffasern), der sich der Region verbunden fühlt. Eine attraktive Hülle allerdings fehlt dem Stadion immer noch. Einiges wurde schon vorgeschlagen und mangels Geld wieder verworfen wie eine gläserne Ummantelung, eine Stahlseilkonstruktion oder auch ein mit LED-Leuchten durchsetztes Gespinst aus Aluminiumrohren. Auch eine Fassade aus Fotovoltaik-Elementen wurde angedacht, aus Kostengründen aber ebenso ad acta gelegt wie alle anderen Vorschläge. 2011 gab die Stadt dem Wunsch des FCA nach und entband den Verein von der Verpflichtung, eine Fassade zu bauen. Gespielt wird in der Arena also weiterhin ›hüllenlos‹, wie es in der Augsburger Allgemeinen dazu hieß.

Einen positiven Rekord hat das nackte Betonmonster aber auch geschafft: Die Arena ist das erste klimaneutrale Fußballstadion der Welt. Möglich machen das ökologische Wärmepumpen und sechs 40 Meter tiefe Brunnen, die über Wärmetauscher die gewünschte Temperatur erzeugen. So richtig heiß her geht's in der Arena immer dann, wenn die Augsburger auf die Rivalen aus München treffen – ganz gleich, ob es gegen die müden Löwen von TSV 1860 München in der zweiten Liga geht oder gegen die Stars von Rekordmeister Bayern München.

✍ Bei Stadionführungen kann man nicht nur durch den Spielertunnel auf den Rasen auflaufen, sondern sich auch in den Spielerkabinen und im Business-Club umschauen.

Perlachturm, Rat

VOM BISMARCKTURM AUS BLICKT MAN WEIT ÜBERS LAND BIS ZU DEN TÜRMEN VON AUGSBURG.

Augsburg

Basilika St. Ulrich u. Afr

WISSENSWERTES ZUR ALTSTADT ERFAHREN SIE IN DER
TOURIST-INFORMATION FRIEDBERG /// MARIENPLATZ 5 ///
86316 FRIEDBERG ///

NOSTALGISCHE ZEITREISE
Friedberg – Altstadt

56

Wenn Mägde in langen Röcken und weißen Häubchen auf den Haaren schwatzend durch die engen Gassen spazieren und Stände mit Selbstgemachtem die Schaufenster verstellen, dann ist wieder ›Friedberger Zeit‹ in der kleinen Stadt vor den Toren Augsburgs. Dann feiert Friedberg die Zeit, als es Herzogstadt war und nach den Verheerungen des Dreißigjährigen Krieges wieder aufblühte. Damals trugen die Uhrmacher den Namen der Stadt in alle Welt. Heute hat Friedberg eine lebendige Kunstszene, die sich selbstbewusst und manchmal auch erfrischend respektlos auf dem alljährlichen Skulpturenpfad präsentiert. Die künstlerischen Installationen machen weder vor der Kirche noch vor dem Brunnen am Rathaus halt. Sie verleihen der Stadtmauer Flügel und stellen sich an der Straßenkreuzung in den Weg.

Ich mag das Städtchen, das so klein ist und übersichtlich. Hier kann man wunderbar bummeln, ohne sich die Füße wundzulaufen. Man kann in kleinen Läden stöbern und sich an liebevoll dekorierten Schaufenstern erfreuen. Keine Massenware, nirgends. Welch ein Glück, dass Friedberg im Zweiten Weltkrieg von dem Bombenhagel verschont blieb, der über Augsburg niederging. Eine Tafel in der alten Stadtmauer erinnert an die ›mutigen Männer und Frauen‹, die ihre Stadt noch kurz vor Kriegsende vor der Zerstörung bewahrten, indem sie kurzentschlossen eine von den Nazis errichtete Panzersperre beiseiteräumten. Ihnen ist zu verdanken, dass die alte Stadtmauer ebenso überdauert hat wie das anmutige Rathaus mit dem prächtig ausgemalten Sitzungssaal und das trutzige Wittelsbacher Schloss.

Diese beeindruckende Vierflügelanlage hat nicht nur herrschaftliche Zeiten erlebt wie im 16. Jahrhundert, als die lustige Witwe Christine von Lothringen hier mit großem Pomp residierte und rauschende Feste feierte. Im Lauf der Jahrhunderte diente das Renaissanceschloss auch ganz profanen Zwecken als Manufaktur. Zeitweise war es Sitz der Forstverwaltung und es musste auch als Unterkunft für Kriegsgefangene und später für Obdachlose herhalten. Noch später war hier ein Casino für amerikanische Offiziere untergebracht. Heute gehört das Schloss der Stadt und beherbergt ein sehenswertes Museum, das auch die Geschichte des Hauses erzählt. Vom Schlossturm aus schaue ich gerne hinunter auf das Gassengewirr und die Dächer der Stadt. Doch Vorsicht, er ist nur sonntags geöffnet. Dann allerdings ist sogar die winzige Turmwächterstube besetzt. Der schlanke Turm der neoromanischen Pfarrkirche St. Jakob, der an einen italienischen Campanile erinnert, überragt das Städtchen. Hier oben könnte ich's länger aushalten, in den Himmel über Friedberg schauen und davon träumen, wie es früher einmal war.

Aber vielleicht sollte ich doch noch ins Museum des Schlosses schauen. So viel Zeit muss sein: Funde aus grauer Vorzeit laden dazu ein, tief in die Geschichte einzutauchen. Römer und Kelten haben hier ihre Spuren hinterlassen. In der Schatzkammer, dem Herzstück des Museums, sind die schönsten und ausgefallensten Uhren zu sehen – von der Tisch- bis zur Kutschenuhr, alles fein ziseliert. Sie waren fleißige und kunstvolle Tüftler, diese Friedberger Uhrmacher! Auch die Fayencen sind mehr als einen Blick wert. Sie stammen aus der Fayence-Manufaktur, die Kurfürst Maximilian III. Joseph von Bayern zwischenzeitlich im Schloss eingerichtet hatte. Ich kann mir gut vorstellen, wie festlich so eine fürstliche Tafel mit all diesen reizvoll dekorierten Platten und Terrinen, Tellern und Krügen einst gedeckt war. Im kleinen Museumscafé gibt's sowas nicht, dafür Kaffee aus fairem Handel und selbst gebackenen Kuchen.

🖉   Lohnend ist ein Bummel entlang der alten Stadtmauer mit Ausblicken auf Augsburg, das einem hier zu Füßen zu liegen scheint.

BISMARCKTURM /// BISMARCKSTRASSE 18 ///
86356 STEPPACH BEI AUGSBURG ///
0 82 51 / 9 21 45 (ERHOLUNGSGEBIETE-VEREIN AUGSBURG) ///

Ich weiß natürlich, dass dieser Turm keineswegs einmalig in der deutschen Landschaft steht. Schließlich gibt es über ganz Deutschland verstreut 146 solcher Türme zu Ehren des deutschen Reichskanzlers Fürst Otto von Bismarck. Ja, es gibt sie sogar in Dänemark, Frankreich, in Polen und in Russland, in Kamerun und in Chile. In Bayern stehen 13 solcher Türme, in Schwaben nur ein einziger – vor den Toren Augsburgs. Mit 20 Metern Höhe ist der Augsburger Bismarckturm nicht der höchste und mit Baukosten von 50.000 Mark auch nicht der teuerste. Als er 1901 feierlich eingeweiht wurde, dauerte dieser Kult um Bismarck auch schon über 30 Jahre an. Rekordhalter ist dieser wuchtige Bau also nicht, der nach dem Entwurf ›Götterdämmerung‹ des Architekten Wilhelm Kreis als steinerne Feuersäule aus Uracher Tuffstein erbaut wurde. Und die ihn krönende Feuerschale ist schon längst verschwunden.

Trotzdem geht von diesem einsam in der Landschaft stehenden Turm eine eigenartige Faszination aus. Vielleicht auch deshalb ließ man sich die Sanierung dieses Bismarck-Denkmals einiges kosten. 280.000 Deutsche Mark waren nötig, um das Bauwerk, das den Weltkrieg fast unbeschadet überstanden hatte, wieder sicher und begehbar zu machen. Es lohnte sich. Denn wer bis ganz oben hinaufsteigt, wird mit einem fantastischen Blick auf Augsburg belohnt. Die Panoramatafel an der Balustrade auf dem Turm hilft bei der Orientierung. Nicht ganz so grandios ist der Überblick, wenn man unten steht. Aber selbst von da aus hat man den Eindruck, dass einem die Stadt zu Füßen liegt. Das ist auch der Grund, warum der Bismarckturm an Silvester so ein beliebtes Ziel für die Augsburger ist. Mit Sekt und Feuerwerk pilgern sie um Mitternacht zum Bismarckdenkmal, um auf das neue Jahr anzustoßen und zuzuschauen, wie der Himmel über Augsburg in einem Funkenregen explodiert.

✍ Wenn das Wetter schön ist, können Sie zwischen 1. April und 30. Oktober zwischen 9 und 19 Uhr den Turm besteigen – kostenlos.

ZISTERZIENSERINNENABTEI OBERSCHÖNENFELD ///
86459 GESSERTSHAUSEN /// 0 82 38 / 9 62 50 ///
WWW.ABTEI-OBERSCHOENENFELD.DE,
WWW.SCHWAEBISCHES-VOLKSKUNDEMUSEUM.DE ///

Beim Wanderausflug der Schule war ich schon in Oberschönenfeld und später bei Kindergartenausflügen mit meinen Söhnen. Die idyllisch gelegene Zisterzienserinnenabtei vor den Toren Augsburgs mit dem großen Biergarten und dem Wirtshaus ist ein beliebtes Ausflugsziel. Auch weil sich in den ehemaligen Stallungen des Klosters das Volkskundemuseum befindet, wo man mit dem Alltagsleben früherer Generationen im ländlichen Raum konfrontiert wird. Fotografien und Texte ergänzen in diesem ältesten Museum des Bezirks Schwaben die Sammlung alter landwirtschaftlicher Geräte und Maschinen, die plastisch vor Augen führen, wie hart die Menschen vor nicht allzu langer Zeit noch arbeiten mussten.

So richtig auf Zeitreise gehen kann man im Staudenhaus, das einen Katzensprung vom Kloster entfernt am Ufer der Schwarzach wiedererrichtet wurde. Dieses letzte Strohdachhaus im Kreis Augsburg, in dem Stall und Wohnräume ineinander übergehen, diente einstmals Kleinbauern als Unterkunft. Die Einrichtung stammt aus dem 19. Jahrhundert – wie das originale Plumpsklo im Garten. Doch wer nach Oberschönenfeld kommt, sollte auch einen Blick in die frisch restaurierte Abteikirche Mariae Himmelfahrt mit ihrer barocken Innenausstattung werfen.

Klosterleben gab es hier schon viel früher. Alles begann wohl im 12. Jahrhundert, als sich fromme Frauen, Beginen, zusammenfanden, um ein gottgefälliges Leben zu führen. Die älteste Urkunde über das Kloster stammt aus dem Jahr 1248, die älteste Kirche wurde 14 Jahre später geweiht. Nach den Zerstörungen des Dreißigjährigen Krieges baute man Kloster und Kirche Anfang des 18. Jahrhunderts wieder auf. König Ludwig I. von Bayern bewilligte nach der Säkularisierung den Fortbestand des Klosters, das heute die älteste bestehende Zisterzienserinnenabtei Deutschlands ist.

✍ Weithin bekannt ist das Oberschönenfelder Holzofenbrot, das seit Generationen im Kloster gebacken wird. 1691 schon wurde ein eigener Backofen urkundlich erwähnt.

SISI-SCHLOSS IN UNTERWITTELSBACH /// KLAUSENWEG 1 ///
86551 AICHACH /// 0 82 51 / 89 18 69 ///
WWW.AICHACH.DE (UNTER SEHENSWERTES) ///

DIE BURG DES HERZOGS
UND SISIS SOMMERFRISCHE
Sisi-Schloss in Unterwittelsbach

59

›Seine Burg‹ nannte Herzog Max von Bayern das Wasserschlösschen in Unterwittelsbach. Hierher kam er, wenn er sich von den Staatsgeschäften erholen und auf die Jagd gehen wollte. Und manchmal war die Familie dabei, auch Sisi, die spätere österreichische Kaiserin. Deshalb steht auf dem Wegweiser auch Sisi-Schloss. Hier soll das junge Mädchen mit seinen Geschwistern fröhliche Sommerfrischen verbracht haben. Um Sisi drehen sich auch die Ausstellungen, die in dem verwunschen liegenden sonnengelben Schlösschen alljährlich ausgerichtet werden. Denn die schöne Kaiserin, die so tragisch endete, zieht immer noch.

Dabei waren die Wittelsbacher nur ein kurzes Kapitel in der langen Geschichte des Schlosses, das über die Jahrhunderte immer wieder die Besitzer wechselte, bis es die Stadt Aichach erwarb. Zwischendurch war es auch mal Benediktinerkloster und nach dem Zweiten Weltkrieg Notunterkunft für Flüchtlinge. Heute ist das Wasserschloss ein beliebtes Ausflugsziel an der Sisi-Straße. Sisi-Liebhaber pilgern hierher, um noch mehr über ihr Idol zu erfahren, dessen Porträt im oberen Stockwerk eine ganze Wand ausfüllt. Galt doch Sisi zu ihrer Zeit als schönste Frau der Welt.

Ich komme gerne hierher, schaue in den Weiher, in dem sich das Schloss so schön spiegelt und träume von einer anderen, längst vergangenen Zeit. Fast könnte ich dann auch die Geschichte glauben, die man sich hier in Unterwittelsbach erzählt. Dass nämlich die kleine Sisi manchmal mit ihrem herzoglichen Papa ins nahe Wirtshaus kam. Dass der Herzog dort Zither spielte und Sisi dazu tanzte. Und dass das Mädchen dann mit dem Hut Geld einsammelte. Ihrer Zofe soll sie einmal einen Haufen Münzen gezeigt haben mit der Bemerkung, dies sei das einzige Geld, das sie selbst verdient habe. Wer weiß, vielleicht steckt so gar ein Körnchen Wahrheit in der Geschichte.

✍ Wer mag, kann von Augsburg mit dem Rad nach Unterwittelsbach fahren. Die Gegend ist gut mit Radwegen erschlossen.

WALLFAHRTSKIRCHE HERRGOTTSRUH /// HERRGOTTSRUHSTRASSE 29 ///
86316 FRIEDBERG /// 08 21 / 60 15 11 ///
WWW.PALLOTTINER.ORG (WO WIR SIND) ///

HORT DER RUHE
Wallfahrtskirche Hergottsruh

60

Der Legende nach hatte ein Friedberger, der im Heiligen Land in türkische Gefangenschaft geraten war, gelobt, eine Kapelle zu bauen, wenn ihm das Schicksal der Sklaverei erspart bliebe. Nach glücklicher Heimkehr ließ er am Rand von Friedberg die Grabkirche in Jerusalem als Kapelle nachbauen. Schnell wurde diese kleine Kirche zur Pilgerstätte, und weil sie dem Ansturm bald nicht mehr gewachsen war, wurde sie immer wieder ausgebaut und vergrößert. Der heutige monumentale Barockbau wurde 1753 eingeweiht. Über zwei Jahrhunderte später begannen die Restaurierungsarbeiten.

Jahrzehntelang hatte der Herrgott keine Ruhe in dieser Wallfahrtskirche. Dabei verheißt doch schon der Name ›Unseres Herren Ruhe‹, dass die Kirche am Rand von Friedberg ein Hort des Friedens sein sollte. Doch die Restaurierung zog sich hin, zuerst außen, dann auch innen wurde der repräsentative Kirchenbau auf Hochglanz gebracht: Baulärm statt Gebete. Schönbrunngelb strahlt die Fassade jetzt weithin, und drinnen kann man sich wieder an den Fresken von Cosmas Damian Asam und Matthäus Günther erfreuen. Kann die Augen auf Reisen schicken, in den Himmel zum Jüngsten Gericht und durch die vier Erdteile Afrika, Asien, Amerika und Europa, die im 18. Jahrhundert bekannt waren. Ein barockes Bilderbuch öffnet sich da mit Pyramiden, Kamelen, einem Krokodil und einem Indianer.

Was wir heute mit Staunen betrachten, war den Bilderstürmern der Säkularisation ein Dorn im Auge. Das Gotteshaus sollte der Spitzhacke zum Opfer fallen. Dem geplanten Attentat auf ihre Wallfahrtskirche begegneten die Friedberger Stadtväter mit einer List: Sie verlegten den Friedhof kurzerhand an den Stadtrand und machten Herrgottsruh zur Friedhofskapelle. Irgendwie knüpften sie damit sogar an die Geschichte dieser über 650 Jahre alten Wallfahrt an.

✒ Von der naiven Gläubigkeit der Pilger einst und jetzt erzählen die Votivtafeln in den beiden Seitenschiffen der Kirche. Ein Reigen der Volksfrömmigkeit.

WALLFAHRTSKIRCHE MARIA BIRNBAUM ///
MARIA-BIRNBAUM-STRASSE 51 /// 86577 SIELENBACH ///
0 82 58 / 9 98 52 60 /// WWW.MARIA-BIRNBAUM.DE ///

DAS GEHEIMNIS DES HOHLEN BAUMS
Wallfahrtskirche Maria Birnbaum

61

»Haben Sie den Birnbaum gefunden?« fragt uns eine ältere Dame in der Wallfahrtskirche. Nein, haben wir nicht. »Ich zeig's Ihnen«, sagt sie freundlich. »Ich hätte ihn auch nicht gesehen.« Sie führt uns hinter den Altar – und tatsächlich, da ist ein dicker alter Baum. »Die Muttergottes ist direkt im hohlen Baum«, sagt die Dame noch und lässt uns allein mit dem Wunderwerk. Die Barockkirche Maria Birnbaum ist etwas ganz Besonderes: ein imposantes Gotteshaus auf dem flachen Land.

Von außen gleicht es mit seinen Kuppeln einer byzantinischen Kirche. Innen ist die Kirche reich mit Stuck ausgestattet, aber nicht überladen. Auffallend die vielen Votivtafeln, die an die Wunder erinnern, die die Muttergottes mit den Sieben Schmerzen gewirkt haben soll. Ihr ist die Kirche geweiht. Der Legende nach ereigneten sich die ersten Wunderheilungen gleich, nachdem ein Dorfhirte das von schwedischen Soldaten verstümmelte und in einen Teich versenkte Marienbild geborgen und in einen hohlen Birnbaum gestellt hatte. Um diesen Birnbaum herum wurde dann die barocke Wallfahrtskirche gebaut. Und bis heute steht das Gnadenbild in dem hohlen Baum, den wir dank der freundlichen Dame hinter dem Hochaltar entdeckt haben.

Wenn man die auffallend schöne Kirche heute sieht, mag man gar nicht glauben, dass sie im 19. Jahrhundert beinahe abgerissen worden wäre. Hätten nicht zwei Bauern aus dem nahen Dorf Sielenbach sich vehement gegen den Abriss eingesetzt und ihr Vermögen für den Erhalt des Gotteshauses geopfert, gäbe es Maria Birnbaum heute nicht mehr. Dann gäbe es auch nicht den Klosterladen und die Gaststätte samt Vinothek, die der Deutsche Orden geschäftstüchtig hier errichten ließ. Und ich hätte einen Lieblingsplatz weniger.

⚘ Alljährlich feiert Sielenbach die Himmelfahrt Mariens mit einer großen Prozession und einem Klosterfest.

SCHLOSS BLUMENTHAL /// BLUMENTHAL 1 /// 86551 AICHACH ///
0 82 51 / 28 08 /// WWW.SCHLOSS-BLUMENTHAL.DE ///

EIN SCHLOSS ZUM WOHNEN, ARBEITEN UND FEIERN

Schloss Blumenthal

62

Es liegt in einer hügeligen Landschaft mit Wiesen, Weihern und Wäldern. Schloss Blumenthal, früher einmal Hauptsitz der Deutschordenskomture und Jahrhunderte im Besitz der Fuggerschen Stiftungsverwaltung, kannte ich schon lange als malerischen Biergarten. Den gibt es auch heute noch. Doch Blumenthal ist mehr als nur ein Wirtshaus mit Biergarten und schönen Sälen. Hier in den restaurierten Häusern der alten Schlossanlage wird ein neues Lebensmodell erprobt. 33 Erwachsene und sieben Kinder leben inzwischen in dem renovierten Häuserensemble – in einer Art Lebens- und Arbeitsgemeinschaft. 50 Erwachsene und 20 Kinder könnten es einmal werden, wenn es nach den Plänen der Geschäftsführer geht. Arbeit gibt es genug, in den Künstlerateliers, in den Gärten und Ställen, im Gasthaus, bei Workshops und Führungen und später auch einmal im Hotel.

Schloss Blumenthal ist also aus mehr als nur einem Grund einen Ausflug wert. Rundum inspirieren kleine und größere Kunstwerke, etwa ein Holzfrosch, der sich mit Krone und großer Goldkugel als Froschkönig zu erkennen gibt, ein hölzernes Liebespaar oder ein steinerner Drache, der als Sitzmöbel dient. In einem Atelier entsteht eigene Mode. Auf dem großen Spielplatz tollen Kinder, auf der Wiese spielt ein Vater mit seinem Sohn Fußball und im Wirtshaus laben sich am Nachmittag Ausflügler an selbst gebackenem Kuchen und duftendem Kaffee. Die Tür zur barocken Kapelle steht einladend offen. Man will hier keine geschlossene Gesellschaft sein, sondern die Besucher dazu einladen, das Experiment Blumenthal kennenzulernen und vielleicht auch zu unterstützen. Denn die Verantwortlichen haben noch viel vor. Kinderbetreuung soll es hier einmal geben und betreutes Wohnen für Senioren. Man könnte glatt Lust bekommen mitzumachen. Schließlich habe ich immer schon davon geträumt, in einem Schloss zu wohnen.

🍴 Das Wirtshaus in Blumenthal hat sich auf regionale und saisonale Küche spezialisiert. Im Winter gibt's auch Krimidinner.

Das Bier von der Schlossbrauerei Scherneck kennt man auch in Augsburg. Gebraut wird hier schon lange und bis heute nach alten Rezepturen. Deshalb schmecken die naturtrüben Biere aus dem originalen Eisensudkessel auch so süffig – besonders im Sommer im schönen Biergarten. Aber auch das romantische Schlossbräustüberl ist nicht zu verachten. Doch nicht nur wegen seiner Biere und der dazu passenden Brotzeiten komme ich immer wieder gerne nach Scherneck. Das Schlossgut auf der Anhöhe über dem Lechtal lädt zu einer Zeitreise ein.

Ich frage mich, wie es wohl war, als die Schernecker Landvögte die Handelsreisenden auf dem Weg nach Augsburg überfielen und die Augsburger daraufhin die Raubritterburg bis auf die Grundmauern niederbrannten. Als sie einen Bannfluch gegen die Herren von Scherneck aussprachen, der erst abgewendet werden konnte, nachdem die hungernden Schernecker eine Kapelle gebaut hatten. Wilde Zeiten waren das. Die uralten Baumriesen in der Allee könnten davon erzählen. Sie haben so manchen Krieg und viele Stürme überstanden, haben Blitzschlägen getrotzt und viele Schlossherren kommen und gehen sehen.

Seit 1823 ist das Schloss im Besitz der Freiherren von Schaezler, die den Gutsbetrieb ausbauten und bis heute Land- und Forstwirtschaft betreiben – und natürlich die Brauerei. Die sechste Generation sorgt zudem mit einem großen Jahresprogramm dafür, dass immer was los ist rund um Schloss Scherneck. Die Veranstaltungen könnten unterschiedlicher nicht sein: Vom historischen Markt über Gartentage und Oldtimertreffen bis zu Heavy Metal Konzerten reicht die Bandbreite. Mit Lechwood Anfang August hat Schloss Scherneck nun auch ein Pendant zum großen Tollwood-Festival in München: Zur Multikulti-Musik gibt's Kunsthandwerk und ein Künstlercafé.

☞ Neuerdings gibt es im Wald von Scherneck auch einen Kletterwald mit Seilrutschen, Netzen, Balancebalken und mehr, wo man sich wie Robin Hood fühlen kann: www.robins-wood.de

NEUGOTISCH WIE DAS SCHLÖSSCHEN IST AUCH DIESER BILDSTOCK DER
HEILIGEN RADEGUNDIS VOR DER WELLENBURGER ALLEE.

SCHLOSS WELLENBURG /// AM FUGGERSCHLOSS /// 86199 AUGSBURG ///
WWW.FUGGER.DE ///

VOM RAUBRITTERNEST ZUM FUGGERSCHLOSS
Schloss Wellenburg

Es könnte ein Märchenschloss sein, so verzaubert wirkt das neugotische Schloss Wellenburg. Zu sehen bekommt man es am besten von der wunderschönen, über 170 Jahre alten Lindenallee aus, die von Augsburg geradewegs auf das heutige Fuggerschloss zuführt. Es liegt erhöht am Waldrand und wird von den Bäumen fast verdeckt. Dass es einmal zu Augsburg gehören würde, wäre seinem Erbauer, dem Augsburger Bürger Hartmann Ohnsorg, wohl ein Dorn im Auge gewesen. Der hatte aus Frust über das strenge Regiment der Augsburger Zünfte im 14. Jahrhundert seinen Wohnsitz nach Wellenburg verlegt und führte von da aus mit einer Handvoll Gleichgesinnter einen Kleinkrieg gegen die Stadt – als Raubritter. Das hat der Augsburger Autor Franz Häußler bei seinen Recherchen über die Schlossgeschichte herausgefunden.

Das Schlösschen auf dem Berg wurde mehrmals zerstört und immer wieder neu errichtet, auch der Augsburger Stadtbaumeister Elias Holl war daran beteiligt und später ein Urgroßonkel von Wolfgang Amadeus Mozart, der Barockbaumeister Hans Georg Mozart. Kaiser Maximilian I. ging hier auf die Jagd, Schloss Wellenburg wurde zum Lustschloss und Schauplatz großer Turniere. Seit dem Ende des 16. Jahrhunderts sind die Fugger-Babenhausen Herren auf dem Schloss. Vor ein paar Jahren erst übernahm der aus London heimgekehrte Ökonom Alexander Graf Fugger die Verantwortung für den Familienbesitz.

Gewöhnliches Volk hat keinen Zutritt zum Schloss. Man begnügt sich beim Ausflug nach Wellenburg und in den Naturpark Westliche Wälder mit einem Besuch in der gleichnamigen Traditionsgaststätte am Fuß des Schlossberges. Die gab es auch schon im 18. Jahrhundert. Schon damals ließen sich die Ausflügler von dem malerischen Anblick verzaubern. Heute lockt vor allem der große Biergarten unter den mächtigen Bäumen die Augsburger nach Wellenburg.

✑ In der Schlossgaststätte kommt Wild aus den Westlichen Wäldern auf den Tisch. Beliebt sind auch die Candle-Light-Dinner: www.schlossgaststaette-wellenburg.de

BALLONMUSEUM GERSTHOFEN /// BAHNHOFSTRASSE 12 ///
86368 GERSTHOFEN /// 08 21 / 2 49 15 06 ///
WWW.BALLONMUSEUM-GERSTHOFEN.DE ///

Als erstes sticht der große Ballon mit der schönen Gondel ins Auge, ein Nachbau jener Gondel, mit der Freiherr von Lütgendorf 1780 im Augsburger Siebentischwald erfolglos versuchte, dem Himmel näher zu kommen. Ballon und Gondel bilden das Glanzstück dieses Museums in Gersthofen vor den Toren Augsburgs.

Im ehemaligen Wasserturm und im dazugebauten Museumsbau kann man anhand von Exponaten, mit interaktiven Installationen und Inszenierungen die Entwicklung der Ballonfahrt von der ersten Montgolfière bis zum Luftschiff nachvollziehen, von den frühen Flugversuchen bis zu dem rekordträchtigen Aufstieg von Auguste Piccard, der 1931 mit einem mit komprimiertem Wasserstoff gefüllten Ballon von Augsburg aus in eine Höhe von 15.781 Metern vorstieß. Ein kurzes Hörspiel vermittelt fast das Gefühl dabei zu sein. Auf einer Rampe, die man am besten von oben nach unten begeht, kreist der Besucher immer um den gelbroten Ballon, während er an Schautafeln erfährt, was einen Heißluft- von einem Gasballon unterscheidet oder nachlesen kann, wie dramatisch 1898 so eine luftige Expedition an den Nordpol endete. ›Das erhabene Schauspiel einer Luftauffahrt‹, wie es in diesem europaweit einzigartigen Ballonmuseum inszeniert wird, fasziniert auch Nicht-Ballonfahrer wie mich. Gerne lasse ich mir vorführen, ›wie der Mensch an den Himmel kam‹.

Und natürlich muss ich auch im Wasserturm bis zum obersten Stock ›aufsteigen‹, um die Sammlung zu sehen, die der Ballonfahrer Alfred Eckert zusammengetragen hat: Ballonbilder und -skulpturen, Tassen und Teller mit Ballonen, ja sogar einen Stuhl mit einer Ballon-Lehne und ein Schachspiel in Ballonform. Dazu Münzen, technische Zeichnungen, Ballonpost und die Rekonstruktion der historischen Ballongondel, mit der Eckert 1960 – 175 Jahre nach dem Pionier Blanchard – den Ärmelkanal überwand.

✐ Gersthofen ist von Augsburg aus gut mit öffentlichen Verkehrsmitteln zu erreichen, mit dem Zug oder auch mit Straßenbahn und Bus.

**THEATERHAUS EUKITEA /// LINDENSTRASSE 18 B /// 86420 DIEDORF ///
0 82 38 / 9 64 74 30 ///**

EIN HAUS MIT HERZ
Kinder- und Jugendtheater Eukitea

Die Ursprünge liegen in Walkertshofen, im Spielwerk, das 1984 als Freies Theater gegründet wurde. Schon damals kümmerten sich die Gründer ganz besonders um das Kinder- und Jugendtheater. Es gab Workshops auch für Amateure und viele Fans, die in das Dorf in den Stauden pilgerten. Auch ich war dabei, fühlte mich wohl in dieser alternativen Theaterszene.

Doch einige der Gründer der ersten Stunde gingen ihre eigenen Wege. Einer blieb: Stephan Eckl, der eigentlich als Bildhauer angefangen hatte und über seinen Bruder Anton zum Theater gekommen war. 1998 zog das freie Theater, das sich inzwischen Eukitea (Europäisches Kindertheater) nannte, nach Diedorf. Und vor fünf Jahren wurde auch ein Theaterhaus gebaut – für 1,8 Millionen Euro. Ein leuchtend roter Niedrigenergie-Bau und ein Statement auf dem Land: dass Kultur eine Chance hat. Dass man von Theater leben kann. Dafür legen sich Stephan Eckl und seine 20 Mitarbeiter auch regelmäßig krumm. 450 Aufführungen pro Jahr und 300 Workshops wollen gestemmt werden. Das Hauptaugenmerk von Eukitea gilt dem interaktiven Kinder- und Jugendtheater: Stücke zu aktuellen Themen, die Stephan Eckl als »Spagat zwischen Kultur und sozialem Engagement« bezeichnet, sollen die Kinder und Jugendlichen mitnehmen, ihnen helfen, mit sich und der Umwelt klarzukommen. Es gibt Stücke zum Klimaschutz und zum Thema Mobbing, zur Sexualität und zu häuslicher Gewalt.

Mit eines der Aushängeschilder des Theaters sind aber auch die experimentellen internationalen Theaternächte, bei denen sich das Team auch an schwere Kost heranwagt wie etwa den ›Faust‹ oder Shakespeares ›Sturm‹. Wobei es Eckl nicht um schauspielerische Perfektion geht, sondern darum, »mit dem Herzen zu spielen« und Grenzen zu überwinden. Von diesem Geist ist das ganze Theaterhaus erfüllt – und das macht auch seinen besonderen Reiz aus.

✎ Eukitea sieht sich als Erlebnisort für Menschen jeden Alters. Im Theatercafé kann man nicht nur hausgemachten Kuchen genießen, sondern auch die Schauspieler treffen.

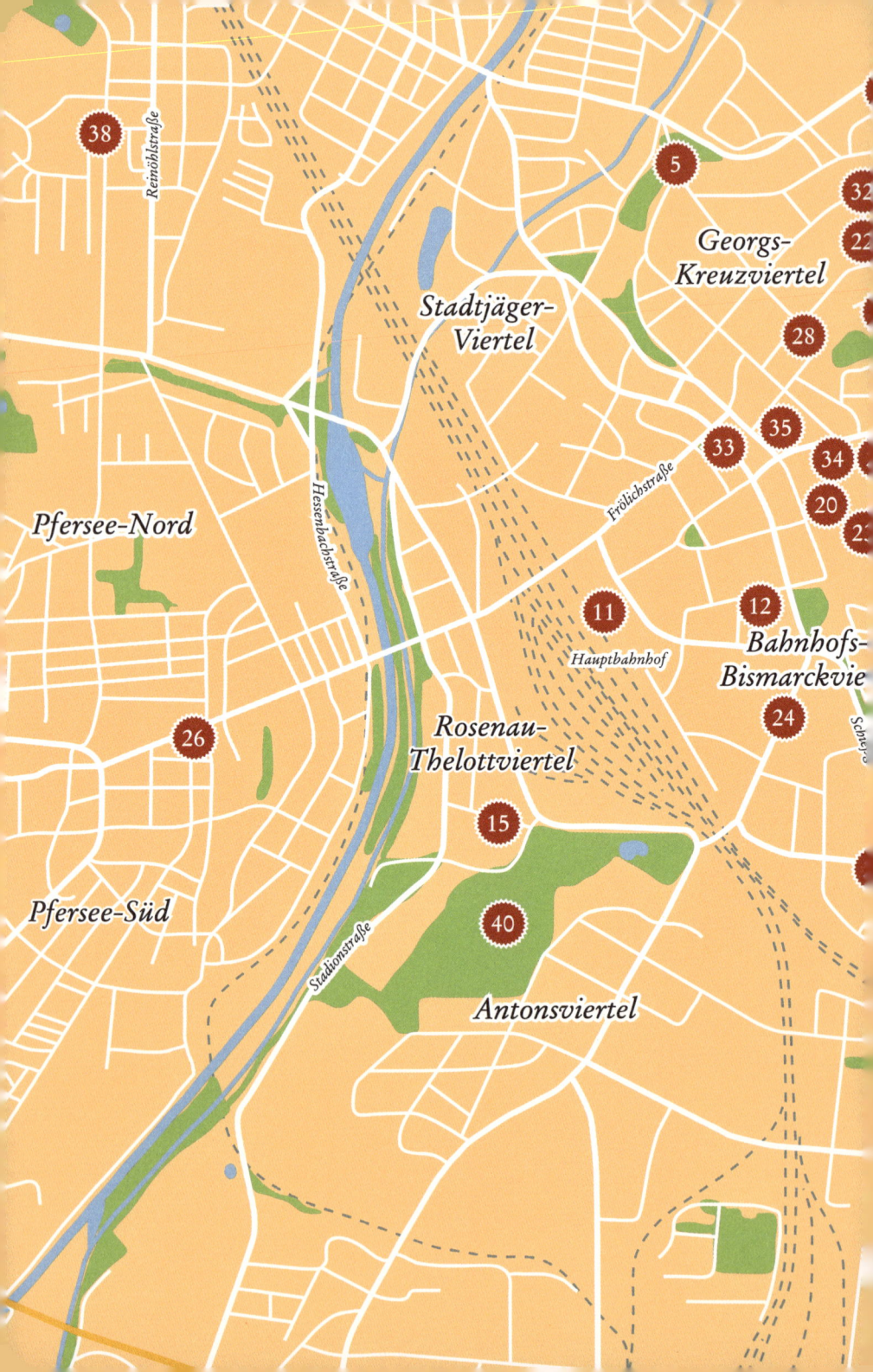

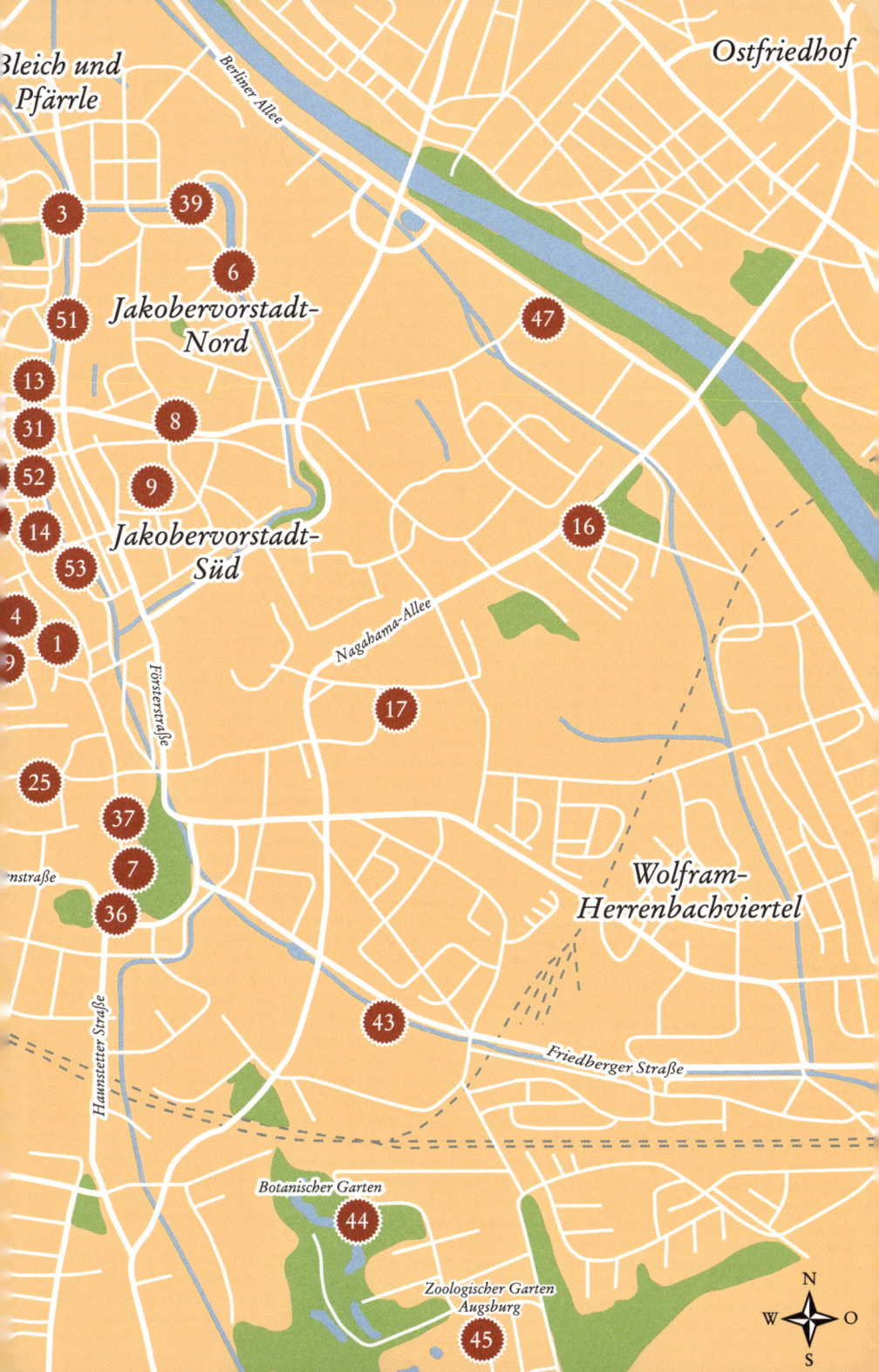

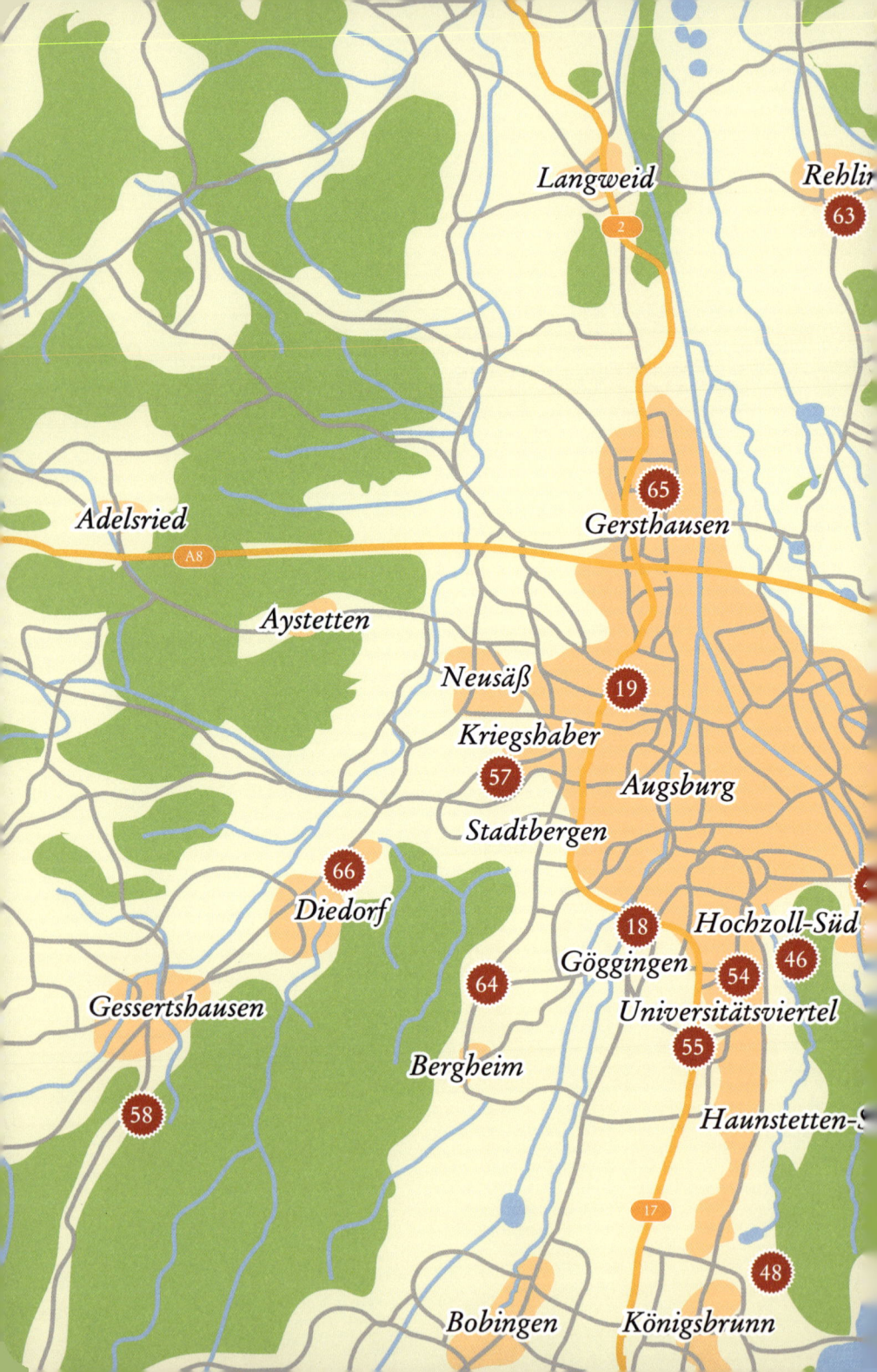

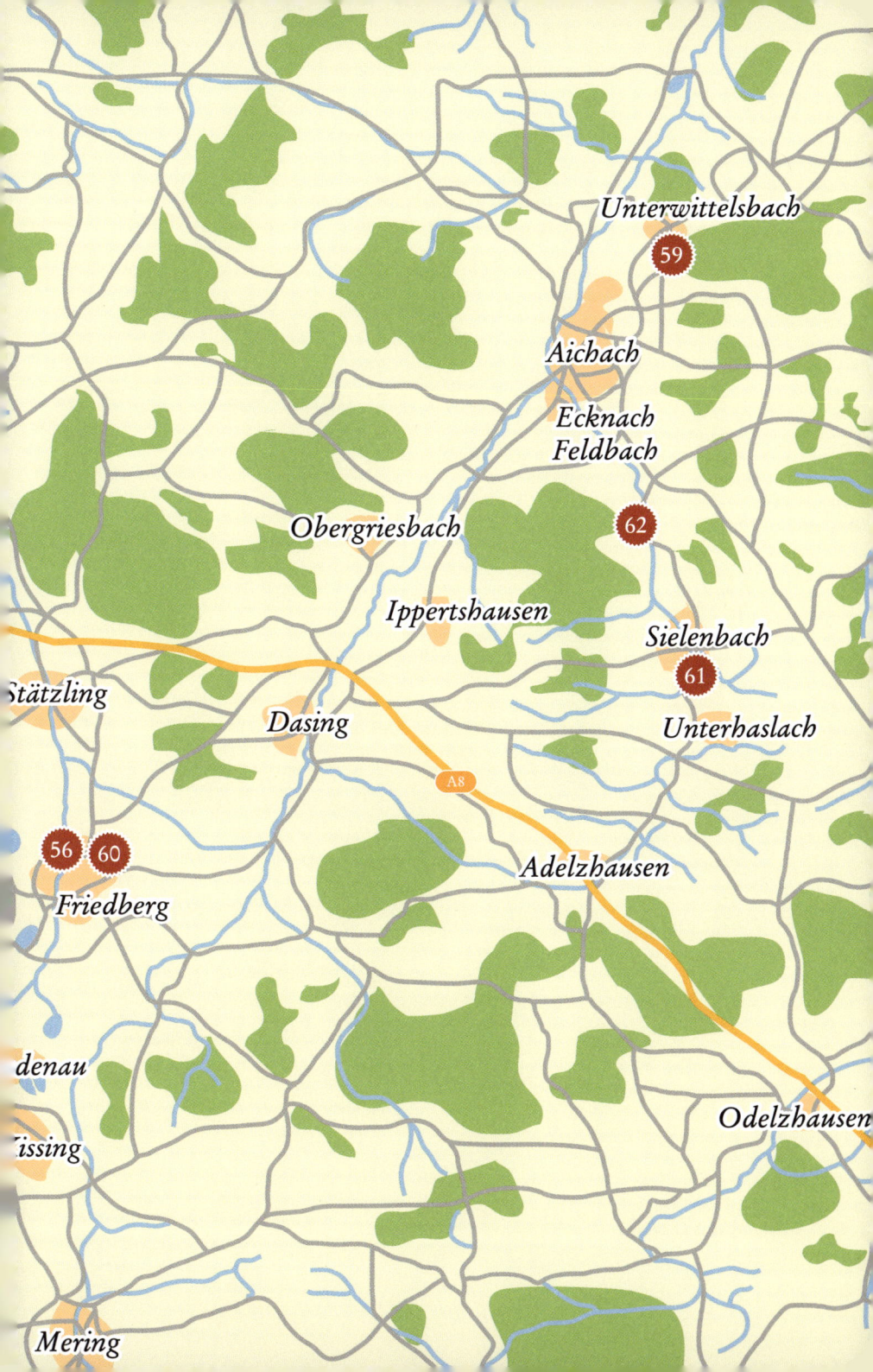

Unterwittelsbach

59

Aichach

Ecknach
Feldbach

62

Obergriesbach

Ippertshausen

Sielenbach

61

Stätzling

Dasing

Unterhaslach

A8

56 **60**

Friedberg

Adelzhausen

denau

issing

Odelzhausen

Mering

REGISTER

Altes Stadtbad 45
Architekturmuseum 49
Asam, Cosmas Damian 171
Augsburger Allgemeine Zeitung 39, 127, 157
Augsburger Friedensfest 73, 115, 139
Augsburger Religionsfrieden 73, 149
Augustusbrunnen 139
Ballonmuseum 181
Bismarckturm 165
Botanischer Garten 125, 127
Brauerei Riegele 143
Brecht, Bert 87–89, 93, 95, 113
Brechtbühne 99
Café Lamm 153
Café Sommacal 22
Christkindlmarkt 139
de Vries, Adriaen 21, 77
Diedorf 183
Dom 37
Dominikanerkirche 15
Eiskanal 121
Eukitea 183
FCA 115, 157
Freilichtbühne 105
Fribbe 123
Friedberg 161–163
Fronhof 37, 79
Fünffingerlesturm 27
Fugger 21–22, 31, 33–35, 69, 179
Fuggerei 33
Fugger, Jakob 31, 33, 103

Gaswerk 59
Gersthofen 181
Gignoux-Haus 47
Glaspalast 51
Gögginger Kurhaus 57
Goldener Saal 140
Hasen-Bräu 135
Hauptbahnhof 41
Hermanfriedhof 71
Herrgottsruh 171
Herz-Jesu-Kirche 75
Hexenbrunnen 17
Hitler, Adolf 99
Hochablass 119, 121
Hofgarten 79
Holbein, Hans, der Ältere 37, 83, 140, 151
Holbeinhaus 151
Holl, Elias 25, 69, 71, 77, 139–140, 179
Hotelturm 59, 115
Jakobervorstadt 31
Japangarten 125
Kahnfahrt 95, 113
Kälberhalle 135
Kongresshalle 114
Kresslesmühle 149
Kulturhaus abraxas 111
Landschaftspflegeverband 133, 137
Lechflimmern 123, 145
Lechviertel 47, 87, 119, 151
Lettl-Atrium 85
Liliom 147
Lueginsland 17
Luther, Martin 69

Manomama 53
Maria Birnbaum 173
Marie Antoinette 83
Max, Herzog von Bayern 169
Maximilian I. 21, 77, 83, 179
Maximilianmuseum 77
Maximilianstraße 21
Mozarthaus 91
Mozart, Wolfgang Amadeus und Leopold 91, 179
Napoleon Bonaparte 25
Neue Stadtbücherei 95, 97
Oberschönenfeld 167
Oehmichen, Walter 109
Perlachturm 140
Przewalskipferde 137
Puppenkiste 107, 109
Rathaus 139
Renaissance 21, 34, 139–140, 161
Restaurant August 67
Römisches Museum 15
Rosenaustadion 115–116, 157
Rotes Tor 29, 105
Schaezlerpalais 83
Schloss Blumenthal 175
Schloss Scherneck 177
Schloss Wellenburg 179
Schwedenstiege 19
SGL-Arena 157
Siebentischwald 181
Sielenbach 173
Sisi (Elisabeth von Österreich-Ungarn) 169
Staats- und Stadtbibliothek 93
Stadtmarkt 61, 63

Stadtmauer 17, 19, 27, 31
Stadttheater 99–101
St. Anna 69
Staudenhaus 167
Stempflesee 131
Stoinerner Ma 19
Strauss, Richard 105
Synagoge 43
Textil- und Industriemuseum (tim) 55
Thalia Theater 145
Thelottviertel 49
Ulrichskirchen 21, 73
Universität 155
Unterwittelsbach 169
Wallanlagen am Roten Tor 29
Wasserkunst 29
Wasserwerk-Museum 119
Wein und Käse 65
Welser, Philippine 83
Wertachbrucker Tor 25
Wildpferdeprojekt 133, 137
Wittelsbacher Park 115
Wittelsbacher Schloss 161
Zoo 129

LITERATURVERZEICHNIS

S. 113: »Erinnerungen an die Marie A.«, aus: Bertolt Brecht, Werke. Große kommentierte Berliner und Frankfurter Ausgabe, Band 11: Gedichte 1. © Bertolt-Brecht-Erben / Suhrkamp Verlag 1988.

S. 89: »Plärrerlied«, aus: Bertolt Brecht, Werke. Große kommentierte Berliner und Frankfurter Ausgabe, Band 13: Gedichte 3. © Bertolt-Brecht-Erben / Suhrkamp Verlag 1993.

HISTORISCHE HOCHSPANNUNG AUS AUGSBURG

GMEINER